# 国有资本运营公司
## 实操与案例研究

PRACTICE AND CASE ANALYSIS OF
STATE-OWNED CAPITAL OPERATION CORPORATION

杨志军　周丽莎　阎向民◎主　编
韩笑妍　胡　钰　付学博◎副主编

中国经济出版社
CHINA ECONOMIC PUBLISHING HOUSE
·北 京·

**图书在版编目（CIP）数据**

国有资本运营公司实操与案例研究／杨志军，周丽莎，阎向民主编．--北京：中国经济出版社，2020.12（2021.9重印）

ISBN 978－7－5136－6152－2

Ⅰ.①国… Ⅱ.①杨… ②周… ③阎… Ⅲ.①国有企业－投资公司－企业管理－研究－中国 Ⅳ.①F832.39

**中国版本图书馆 CIP 数据核字（2020）第 266167 号**

项目统筹　李煜萍
责任编辑　王　帅
责任校对　李若雯
责任印制　巢新强

**出版发行**　中国经济出版社
**印 刷 者**　北京柏力行彩印有限公司
**经 销 者**　各地新华书店
**开　　本**　710mm×1000mm　1/16
**印　　张**　14.75
**字　　数**　197 千字
**版　　次**　2020 年 12 月第 1 版
**印　　次**　2021 年 9 月第 2 次
**定　　价**　68.00 元
**广告经营许可证**　京西工商广字第 8179 号

**中国经济出版社** **网址** www.economyph.com **社址** 北京市东城区安定门外大街 58 号 **邮编** 100011
本版图书如存在印装质量问题，请与本社销售中心联系调换（联系电话：010－57512564）

# 本书编委会

# 前言
# Preface

改组、组建国有资本投资、运营公司，是遵循《中共中央 国务院关于深化国有企业改革的指导意见》《国务院关于改革和完善国有资产管理体制的若干意见》有关要求和党中央、国务院工作部署的具体体现，也是以管资本为主改革国有资本授权经营体制的重要举措。

国有资本运营公司主要以提升国有资本运营效率、提高国有资本回报为目标，以财务性持股为主，通过股权运作、基金投资、培育孵化、价值管理、有序进退等方式，盘活国有资产存量，引导和带动社会资本共同发展，实现国有资本合理流动和保值增值。国有资本运营公司作为“两类公司”中的重要部分，每一步的大胆尝试，都是带动全局的改革。围绕国有资本运营公司的实操分析和案例解读，对于鼓励基层创新、全面推动国资国企改革“1+N”政策的落实落地，增强国资国企改革的系统性、整体性和协同性都具有十分重要的积极意义。本书聚焦国有资本运营公司建设和发展所涉及的理论背景、实操分析和案例解读开展研究。理论背景部分主要从国有资本运营的基础理论、国有企业改革发展历程、国有资本运营公司的功能及定位进行梳理；实操分析部分主要从企业国有产权无偿划转、国有企业委托管理经营、接收上市公司股权管理和借助基金投资手段管理等四种模式阐述国有资本运营管理的主要模式，并围绕概念内涵、主要特点和相关法律问题等开展详细论述，同时，实操分析部分还针对国有资本运营管理效益的提升，分别从立法、体制机制、政策体系、市场化运营、党建工作、企业文化等方面提出思路建议；案例解读部分作为本书的特色和亮点，主要聚焦国有资本运营公司开展具体的分析和解读，将十余项珍贵的一手案例分别从价值管理模式、股权运作模式、基金投资模式等三个维度进行归纳总结，输出的分析观点以期为后续研究提供借鉴和启发。

本书的出版受到国务院国资委研究中心，以及全国国资国企改革领域多位专家和学者的大力支持。希望这本书中所提供的丰富的案例资源以及一些创见性观点，能够为相关领域的决策制定提供有益的参考，为本领域的深入研究提供一定程度的基础性指导。由于笔者水平有限，书中的不足之处，恳请各位专家、读者批评指正。

# 目录
Contents

## 第一篇　理论背景

## 第二篇　实操分析



## 第三篇　案例解读

# 第一篇

# 理论背景

# | 第一章 |

# 国有资本运营的基础理论

## 第一节　资本运营概述

### 一、资本

#### （一）资本的内涵

1. 资本的概念

从经济学的范畴来说，资本是指用于生产的基本生产要素，即厂房、资金、材料、设备等物质资源；从金融学的角度来讲，资本一般是用来代表金融财富的，特别是广泛用于经商、兴办企业的金融资产方面；从企业会计学理论来讲，资本是指所有者投入生产经营，能产生效益的资金。

“资本运营”中的资本，通常是指企业所拥有的一切有形与无形的存量资产，可通过技巧性运作达到价值增值的目的。

2. 资本的分类

资本的分类方式多种多样。

其一，根据资本在剩余价值生产中所产生作用的不同，可分为不变资本与可变资本。这里，不变资本是指以生产资料形态存在的资本，在生产过程中，只是将其价值转移到产品中去，不改变原有的价值量；可变资本是指用于购买劳动力的资本，劳动力在使用过程中，不仅能够创造出补偿劳动力价值的价值，而且能创造出剩余价值使资本增值，故称“可变资本”。

其二，根据资本价值周转方式的不同，可分为固定资本和流动资本。这里，固定资本指的是以厂房、机器、设备和工具等劳动资料的形式存在的生产性资本；流动资本是指生产资本中用于购买原料、燃料、辅助材料等劳动对象和用于购买劳动力的部分。

其三，根据资本所处的领域不同，可分为产业资本、商业资本、借贷资本和银行资本等。其中，产业资本是资本家投入物质生产部门的资本；商业资本是在流通领域中独立发挥作用的职能资本；借贷资本是为了获取利息而暂时贷给职能资本家使用的货币资本；银行资本是指资本家为经营银行业务所获得的资本，主要由现金和各种有价证券构成①。

其四，根据资本物理表现形式的不同，可分为制度或社会生产关系资本、人力资本、物力资本。这里，制度或社会生产关系资本指的是由社会政治思想等方面的变革来实现增值的一种资本；人力资本是指工人通过教育、培训和经验而获得知识与技能，是生产中最活跃最具决定性的因素；物力资本，包括自然赋予的和人类创造的两种，通常指用于生产物品与劳务的设备和建筑物等的存量。

## （二）资本的功能及特征

1. 资本的功能

（1）投融资功能

以资金、证券、人力、技术等为表现形式的资本具有投资功能，可通过资本的投入换取企业的股权乃至控制权，从而实现资本的价值创造。此外，资本还具有融资功能，例如个人以资产抵押获取银行贷款，企业依托技术资本吸引外来投资。

① 卡尔·马克思．资本论[M]．北京：人民出版社，1964.

（2）资源配置功能

基于资本的流动性与趋利性，使得资本自然地流向高投入产出比的优势产业。基于资本的杠杆作用，实现产业与资本的良性互动发展，推动产业集聚与转型升级，优化产业布局结构，提高资源配置效率，驱动经济发展。

（3）降低成本功能

社会资本的积累为经济社会的发展制定了规则，增强了管控功能，降低了交易中的不确定性，使交易成本随之降低；技术资本及人力资本的累积使生产方式产生跨越式的进步，降低了生产成本。

2. 资本的特征

（1）运动性

资本的价值体现在运动中，主要表现为资本的循环，即以货币资本、生产资本和商品资本三种形式依次存在而进行的资本周转，在购买、生产、销售三个阶段依次完成周期反复的运动循环，最终实现价值的增值。一旦资本运动停止，价值增值功能就会丧失。

（2）增值性

增值性是资本的本质属性，资本是能够带来剩余价值的价值，资本运动的根本目的在于实现价值增值，实现利润最大化，在资本交易市场，资本是一种能够带来收益的商品，人们之所以去交易，并不是为了买卖资本本身，而是为了买卖资本附加的“能够带来的收益”。

（3）社会性

广泛地考察整个社会，企业经营的全部资产都是社会总资本的一部分，无论企业以何种形式筹集取得资金，又无论企业对内还是对外进行投资，都应视作资本运营的整个过程。

（4）流动性

资本的流动可分为纵向流动与横向流动，分别从个别资本和社会资本两个角度来考察。资本纵向流动是指个别资本在同一企业或同一经营领域进行运营，最终形成个别企业的经营收益，即资本的纵向流动带来的收益。资本的横向流动是指跨企业、跨产业、跨地区的资本流动，着眼于社会整体资本的横向流动①。

## 二、资本运营

### （一）资本运营的含义

资本运营又称为“资本运作”，是指企业运用市场法则，通过资本本身运作的技巧性和运动的科学性最终实现价值的增值，是效益增长的一种经营方式，也是通过流动、裂变、组合以及优化配置等各种方式对一切有形和无形的存量资产进行有效的运营操作，其目标是实现利润最大化、股东权益最大化和资本增值的最大化。资本运营的主体是资本的所有者，也是资本所有者委托或邀约的经营者，二者皆可。资本运营最终要实现的目标是通过释放企业资产潜能，将存量资产变为可增值的活化资本，以实现增值的最大化。从宏观角度来看，资本运营是在市场经济条件下的一种社会资源配置的方式，通过不同层次资本上的资源流动来优化社会资源配置结构。

资本运营有多种方式，例如发行股票、发行债券（包括可转换公司债券）、配股、增发新股、转让股权、派送红股、转增股本、股权回购（减少注册资本），企业的合并、托管、收购、兼并、分立以及风险投资等。②

### （二）资本运营主要特点

1. 增值性

资本运营以资本为运营对象，以资本增值为目的。资本以增值为目

① 胡爱民．我国资本运营的实践与理论[J]．世界经济与政治，1998(10)：64－68.

② 资料来源：360 学术文库[EB/OL]. http://www.360doc.com。

的这一特点要求企业在经营活动中始终坚持以资本保值增值为核心要义，时刻关注资本的投入产出比例，保证运营达到最佳效益。

2. 趋利性

资本的趋利性是由资本的基本属性决定的，相应地，资本运营也具有趋利性的特征，通过对资本进行技巧、科学性地运营，促使资本向着效率、效益最大化的方向流动。社会资源将依次流入最有效率的国家和地区、最有效率的产业、最有效率的企业。资本运营的逐利性促进资源优化，资源优化顺势产生新的资本，并且不断产生新的机会，一边循环一边增值。

3. 流动性

资本运营的趋利性使资本运营也具有流动性的特点，资本不断地从报酬率低的行业流入报酬率高的行业，通过资本的流动达到运营的目的。企业通过资本运营充分盘活闲置的、利用效率低下的资源，围绕资本的运动、循环，盘活沉淀或闲置的资本存量，提高资本周转率，同时追求资本的使用效率，使资本流动起来。

4. 风险性

资本运营具有很高的复杂性、不确定性，因而也具有高风险性、高收益性的特点[①]。其风险性在资本运营的过程中具体表现为决策风险、融资风险、市场风险、政策风险等。决策风险由于受资本运营决策者主观意识的干扰和决策水平的限制而产生；融资风险的产生是由于我国资本市场不完善、金融市场信息不对称等因素；市场风险来源于经济环境盛衰、通货膨胀、利率高低等方面；政策风险主要指国家的整体产业经济动态，对资本运营的实施产生的不确定影响。

---

① 吴鸣飞. 我国国有企业资本运营风险及其评价体系研究[J]. 企业导报,2013(2).

## 三、资本运营与资产重组

### （一）资产重组概述

资产重组是指对企业的资产和组织进行重新组合设置，通过分立、合并等方式，企业将资产、负债进行合理划分和结构的调整。从狭义角度，是指对企业的资产和负债的划分和重组；从广义角度，是指对企业机构和人员的设置与重组、业务机构和管理体制的调整。从会计学角度，是指企业为了提升资源配置效率，在企业内、外部对资产、负债或所有者权益等项目进行调整的行为。

### （二）资产重组的类型

根据资产重组的范围，可将其分为内部重组与外部重组。内部重组为只在企业内部进行资源的重新配置，主要通过对人员结构、业务机构等内部资源进行重新配置达到内部重组的目的；外部重组涉及外部经济主体，是企业与外部经济主体为了达到资源优化配置等目的，以收购、兼并、股权转让等形式进行的资产重组，通常会涉及所有权的转移。

根据资产重组的模式，可将其分为同行业企业间的资产重组、与行业外企业的联合重组、产融结合的资产重组。同行业企业间的资产重组可通过对产业链上下游企业进行资源整合与并购，减少竞争对手，强强联合、加强产业链建设；与行业外企业的联合重组，可通过学习其内部管理能力、市场营销手段等，达到优势互补的效果；产融结合的资产重组，通过实体经济与虚拟经济结合、金融资本与实业资本结合，提高资源使用效率。

### （三）资本运营与资产重组的联系与区别

资本运营是我国企业实现资本保值增值的一种重要形式，其中资产重组是最常用的方法，并且已在企业的资本运营活动中进行了大量实践。资本运营的核心论认为，收购兼并和资产重组是比较复杂的运作形式，是资本运营的核心，主要在企业的外部使用。

关于资本运营与资产重组的区别：一是范围不同，通常意义上的资产重组多指外部重组，这种资源配置活动通常伴随着所有权的转移，而资本运营不止涉及产权经营，也涉及通过生产经营活动实现资本的保值增值；二是层次不同，资本运营分为企业、政府、社会层次的资本运营，不局限于企业，而是在社会范围内进行跨行业、跨地区、跨所有制的资源配置，实现全社会的生产要素优化组合，而资产重组多局限于企业或产业层次，主要作为资本运营的方式和手段发挥作用；三是特征不同，资产重组的一大特征为对企业边界的调整，而资本运营的主要特征是以资本市场为依托的活化资本转化。

## 四、资本运营与生产经营

### （一）生产经营概述

生产经营是指企业以其产品为经营对象，以生产、经营商品为手段，以利润最大化为直接目标，以资本保值增值为目的，围绕市场需求开展的产品的生产、销售、服务等经营活动。企业生产经营的主要内容包括：根据市场状况进行决策和预测、着眼于市场供求关系，安排生产、进行生产的组织与控制、开展质量与成本的控制、进行产品营销等活动。

### （二）资本运营与生产经营的区别

资本运营有别于生产经营：首先是对象的不同，资本运营对象是资本，生产经营对象是具体的商品生产和销售。其次是运作方式的不同，资本运营以资本增值和提升资本使用效率为中心，重点在于资本的数量和质量，而生产经营以企业商品为中心，从市场到生产如供应、技术管理、质量、财务等方面，关键是商品生产。再次是所处市场的不同，资本运营属于资本市场，既可以在资本市场融资，又可以通过产权交易来优化资本结构，而生产经营属于商品市场，关键在于把握商品的购进与销售，强调循环与周转。最后是战略形式的不同，资本运营可体现在内部管理型战略与外部交易型战略中，其中外部交易战略主要通过较少的自由资本控制较大的社会资本，形成规模经营优势，跨越自我资本积累过程；而生产经营主要体现在内部管理型战略中①。

### （三）资本运营与生产经营的联系与区别

1. 相互依存

企业通过运用资本从事生产经营活动，任何企业的任何生产经营活动都以资本为前提，若没有资本，生产经营就无法进行；若不进行生产经营，资本增值的最终目的就无法实现。在这里，生产经营是资本运营的前提和基础，资本运营是为一切发展生产经营而服务的。也就是说，资本运营以生产经营为基础，同时为发展生产经营服务。

2. 相互影响

企业进行生产经营活动的过程，也是资本循环周转的过程。当一个企业在生产经营过程中供产销各环节发生严重脱节，资本循环周转就会立即中断；当一个企业的设备闲置无用，材料和剩余产品存量过多，同时营销不力，就会导致资本积压，从而使资本效率和效益下降。因此资本运营与生产经营是相互影响、密不可分的。

3. 目标相同

企业进行资本运营的目的最终都是追求资本的保值增值，而企业进行生产经营也是相同的，不同企业都会根据不同市场的需要组织生产并进行销售，同样是为了赚取利润，实现资本保值增值，因此生产经营实际上是以生产、经营商品为手段，以资本增值为目的的经营活动。

---

① 张宏伟．TSL公司资本运营战略研究［D］．西安：西北工业大学，2004.

## 第二节　资本运营分类

### 一、按资本运营形态分类

#### （一）实业资本运营

实业资本运营是指将资本直接用于购买生产经营活动过程中所需要建设的厂房、使用的机器设备等固定资产和原材料等流动资本，最终形成从事产品生产或者提供服务的经济活动能力和运作过程。在企业资本运营范畴中，实业资本运营是最基本的运作方式，它在整个资本运营中起到支撑作用，是企业成长和发展的基础。其最终目的是运用资本投资的实际生产经营能力去从事产品的生产、销售以及提供经营服务等具体的经济活动，从而获取利润，实现资本的保值增值。

#### （二）产权资本运营

产权资本运营，对象是产权，其经营的方式是产权交易。通过产权交易，可以使企业资本得到集中或分散，从而优化企业的资本结构，为企业间接带来收益。产权资本运营强调企业的经营资源不仅局限于企业自身的资本（劳动力、技术等），还应通过兼并、收购、租赁、托管等具体运营方式运作资本，使企业实现资本扩张，获得资本的最大增值。①

#### （三）金融资本运营

金融资本运营，是指企业以金融资本为对象进行一系列资本运营活动。一般不涉及购买厂房、原材料、机器设备等具体实物。此处金融资本是与实业资本相对应的，主要指有价证券，如发行的股票、债券等，

① 蓝叶瑾．民营资本运营的障碍及对策探讨[J]．商场现代化，2007(6)：100－101.

以及企业所持有的可以用于交易的一些商品或其他种类的合约，如期货合约等。

### （四）无形资本运营

无形资本运营指的是企业对所拥有的各种无形资产如著作权、专利权、非专利技术、土地使用权、企业信誉等进行的运筹和谋划，用无形资本的价值来实现企业的整体价值保值和增值的目的。无形资本在整个资本运营活动中发挥着十分重要的作用，利用无形资本运营，企业在生产经营过程中发挥无形资本的经济杠杆作用是实现资本保值增值，实现企业价值最大化的有利途径。

## 二、按资本运营方式分类

### （一）资本扩张

1. 资本扩张概述

扩张型资本运作是指在现有资本结构下，通过兼并、收购、公司合并等资本运营活动，在短时间内使企业的规模迅速增长。

2. 资本扩张的类型

根据产权流动的范围可将资本扩张分为以下三类。

①资本横向扩张是指交易双方在同一产业领域，为了实现规模交易而进行的产权交易。通过资本横向扩张，可以有效减少竞争者的数量，增大市场份额及话语权，也可促进行业整体生产力进步，培育“巨头企业”。

②资本纵向扩张是指交易双方属于不同行业领域，或同一行业内处于产业链不同阶段的企业，无直接竞争关系，出于行业上下游的资源整合与结构优化之目的而进行的纵向扩张。

③资本混合扩张是指两个或两个以上的企业，相互之间没有直接投入产出关系和技术经济联系的企业之间进行产权交易行为，即从事不相

关业务的多个企业之间进行的产权交易。资本混合扩张有利于分散经营风险，提高企业的市场适应能力，有助于企业进行战略重心的转移。

## （二）资本收缩

1. 资本收缩概述

资本收缩是指资本运营的主体通过对不良资产的剥离、资产出售和公司分立等资本运作活动，使企业在一定时间内资本规模相对或绝对缩小，以达到资源优化配置、资本增值最大化等目的。资本收缩是企业由多元化经营回归主业的必然选择，适当收缩有利于企业关注核心业务，培养和提升企业主业竞争力[①]。

2. 资本收缩的方式

企业资本收缩的方式主要有资产剥离、股份回购、分拆上市（股权切离）、公司分立、设立定向股等。

（1）资产剥离

资产剥离是指企业将其拥有的资产、产品线、子公司等出售给第三方。以达到甩掉亏损业务、满足企业战略转移的需要、修正“多元化经营”等目的。根据剥离的资产类型可分为经营性资产剥离和非经营性资产剥离。

（2）股份回购

股份回购是指上市公司利用盈余资金或债务融资，买回本公司对外发行的部分普通股份，以作为留存库存股或予以注销的行为。其中，最常用的股份回购类型为公开市场回购，股份回购具有减少权益资本，提高负债/权益比率，保证控制权、避税等功能。

（3）分拆上市

分拆上市又称为股权切离，是指母公司在设立一个新公司之时，将

① 向日炎．收缩性资产重组方法的比较与选择研究[J]．云南财贸学院学报，2005（3）：33－38.

部分母公司的资产转移到新设公司中，该新设公司的首次公开发行即相当于母公司股权的二次对外发售，可以开辟新的融资渠道，推动股价上涨，有利于外部监督的加强。

（4）公司分立

公司分立是指一个公司将它的某一或某些子公司或者是部门独立出来的公司重新组建，成立新的公司，并同时将其资产和负债转移给新设立的公司，然后再重新把新公司股票按比例分配给母公司的股东，从而在法律上和组织上将子公司独立出去，最终形成一个与母公司拥有相同股东的新公司。虽然形式上产生了新的法律实体，但并无现金流入，仅是一种权益的再分配。

（5）设立定向股

定向股，是指其价值与公司内特定业务单位的增长特征和经营绩效相联系的一种特殊的公司普通股。定向股的创立是根据公司业务的不同，而把整个母公司的经营分成两个或多个由公众持股的经营单位，公众持有的股份不仅仅是母公司整体价值的单一普通股，而是各个经营单位的定向股票[①]。各经营单位的绩效直接反映在对应的企业股票市场价值上。发行定向股可以保持企业各子公司或事业部等之间的协同效应，增加资产透明度、减少公众与企业之间的信息不对称、释放在多元化经营中被压缩隐藏的价值；对高管实行绩效报酬奖励，会大幅度减少代理成本，同时还会促进专业化经营，增加筹集外部权益资本的弹性。

## （三）资本内部调整

1. 资本内部调整概述

资本内部调整是指公司本身的资产规模不发生变化，通过换股、杠杆收购等方式，只引起企业内部产权机构、治理结构发生变化的资本运

① 罗良忠，朱荣林．企业收缩性资本运营的涵义和方法[J]．广西社会科学，2003（4）：59－61.

营方式，这种资本运营的方式在我国运用得较少。

2. 资本内部调整的形式

资本内部调整主要包括公司控制型和所有权结构变更型两种形式。公司控制型的资本内部调整通常包括托管经营、借壳上市、放弃管理协定、反接管条例和代表权争夺等几种情况；所有权结构变更型的资本内部调整包括股权交换、资产置换、股权无偿划拨和杠杆收购等内容。

# 第三节　资本运营闭环管理

## 一、资本运营战略

### （一）资本运营战略概述

资本运营战略是指资本所有者或经营者以企业发展战略为指导，将投入生产经营活动中的资本与其他生产要素相结合，优化配置，进行有效运营，以实现理想的盈利和价值增值所进行的长远性的谋划与方略。资本运营战略是实施资本运营战略管理的基础和首要环节，也是企业从事资本运营活动的先决条件。

### （二）资本运营战略的内容

资本运营战略包括资本运营的总体战略、运营战略、职能战略。总体战略，又称公司战略，是企业的高层战略。它会根据企业制定的目标，选择企业可以从事的经营领域，优化配置企业经营所需要的资源，协调各项经营业务。运营战略是指企业的每个战略经营单位所制定和实施的关于资本运营的战略。在多数大型企业中，把具有共同战略因素的若干子公司组成一个战略经营单位，这些子公司的运营战略是在企业总体战略的制约下，指导和管理具体经营单位的资本运营计划和行动的战略。职能战略是针对企业研究市场营销、开发生产行业、开展财务和人事管理等主要职能部门的短期战略计划。

### （三）资本运营战略制定依据

资本运营战略的制定，需要研究战略时机、进行战略态势分析、进行战略执行的前景预测。资本运营战略态势分析，是指关注在企业资本运营战略中面临的内部条件与外部环境，它也说明了企业在对待环境变化过程中所应采取行动的姿态。在制定资本运营战略时，必须事先预测战略执行的前景，企业可以更加合理地规划战略执行预算，提高资本使用的效果，避免太大的资本损失和浪费。资本运营战略前景预测的重点是：战略执行的结果、战略执行过程中可能遇到的意外情况、战略执行的费用等。

### （四）资本运营战略制定程序

制定资本运营战略的过程大致可分为以下几个阶段：第一，对企业的战略条件进行分析。战略条件的分析包括企业外部环境的分析和企业内部条件的分析。外部环境分析主要包括（宏观环境 PEST 分析）国家总体经济状况分析，国家经济政策尤其是货币金融政策、投资政策、产业政策的分析，以及行业分析波特五力模型。企业内部条件分析主要是分析企业资源的优势与劣势，以认清企业自身的实力①。第二，确定战略目标。资本运营战略的目标是实现资本收益的最大化。围绕这个目标，确定企业的产业目标、产品目标、技术目标和市场目标等。第三，制订战略方案。根据战略目标的要求，拟订多个方案，在整体优化的基础上，选择能够保证实现战略目标的方案。第四，实施和修正战略。将战略方案具体化，建立实现战略的组织结构，确保战略实施能够有效进行，同时根据外部环境变化，对企业总体战略进行随时修正，以保证战略设计和实施的正确性。

---

① 曹洪军，等．资本运营新论[M]．北京：经济管理出版社，2004.

## 二、资本运营决策

制定好资本运营战略后，管理人员需要将战略转化为可以明确传达给所有部门和员工的目标和措施，确定和审批用于实施资本运营战略的资源。规划运营，在确定了战略目标、衡量指标和各项战略举措后，接下来制订资本运营的具体计划，在确定项目优先顺序之后，制订详细的资源能力计划、运营和资本预算，并遵循以下规则进行资本运营决策：首先，资本运营与核心能力要实现有机结合。资本运营是在企业内部组织的，它以资本效率和效益为核心，是实现资本有效保值增值的途径。资本运营一定要以企业核心能力为基础，只有二者相互结合，才能实现企业规模的不断扩大和效益的不断提高，两者同步进行。其次，企业经济实力与品牌优势要有效结合。企业品牌是企业成功进行生产经营的一项重要标志。企业的品牌是无形资产，在资本运营中起到关键作用，它是一种资本入股，可以减少企业有形资本的流出，也可以通过冠名权支持企业的不断持续发展。再次，低成本扩张和资本收益的有效组合。一个企业在资本运营的过程中，应该保持计算、分析投入和产出的比例，最大限度地降低生产成本，最终实现效益最大化。最后，企业内部完善的管理与外部规模经济的良好结合。企业要开展好资本运营，必须按照《中华人民共和国公司法》（以下简称《公司法》）要求，明确策略、执行、监督三者之间各自独立、权责明确、互相制约的关系。

## 三、资本运营实施

### （一）实施要点

实施资本运营要深入贯彻党和国家的重要指示和现行政策，大力发展混合所有制经济，坚持走投资主体多元化道路。抛弃传统的单一发展模式，解放思想，转变观念，大力发展混合所有制经济，发挥集体资本、社会资本、国有资本和非公有资本混合资本的渗透、补充和推动效应，坚持走投资主体多元化道路。实施资本运作的过程中还应正确认识主业发展和多元经营的关系，紧紧围绕企业发展战略目标，以产业为本，紧紧围绕企业的总体发展战略，以主业发展为重心，避免泡沫经济的形成。在具体操作中，必须在自己相对熟悉的领域发挥资本运作的优势，或向产业相关领域延伸，确保投资安全，降低投资风险。

### （二）实施途径

资本运营实施主要有三种途径：一是内部商业运营，通过提供产品、技术、服务等在生产经营活动中获得资金，在商业市场上获得货币资产；二是在资本市场进行运作，这其中包括发行股票、发行债券、配股、增发、转让股权、股权回购等行为，企业的合并、托管、收购、兼并、分立以及风险投资等操作，企业资产剥离、置换、出售等做法；三是智信运营，当企业资本积累到一定程度时，企业家可能追求更高层次的资本运营，例如将资本投向慈善市场或公益事业等，同时也履行了企业的社会责任。

## 四、资本运营后评价

关于对资本运营后实现效果的评价，可主要从对公司产业结构优化的影响、对公司风险控制的影响、对公司财务绩效的影响三方面入手：第一，根据资本运营后企业集团的产业结构是否科学合理，子公司的经营领域分布与集团经营战略是否相适应等方面来对公司产业结构优化情况进行评价；第二，根据资本运营后是否帮助企业规避行业风险，是否丰富企业结构以增强了抵御外部市场风险的能力，企业资金的投资与管理布局是否降低了内部风险等，对风险控制效果进行评价；第三，着眼于财务绩效，通过对有代表性的财务指标进行数据分析，评价资本运营对资产规模、企业营收等方面的效果。

## 第四节　国有资本构成及运营特点

党的十九大明确提出，要完善各类国有资产管理体制，改革国有资本授权经营体制。为贯彻落实党的十九大精神，加快推进国有资本授权经营体制改革，进一步完善国有经济布局结构调整，打造充满生机活力的现代国有企业,[①] 2019 年 4 月 19 日，国务院印发《改革国有资本授权经营体制方案》，从总体要求、优化出资人代表机构履职方式、分类开展授权放权、加强企业行权能力建设、完善监督监管体系、坚持和加强党的全面领导、周密组织科学实施几个方面做出了部署，为推动国有资本高效运营进一步指明了方向。

### 一、国有资本构成

2004 年 8 月 30 日，国务院国资委发布施行的《企业国有资本保值增值结果确认暂行办法》中，将企业国有资本定义为：国家对企业各种形式的投资和投资所形成的权益，以及依法认定为国家所有的其他权益。随着我国国有企业改革的不断推进，尤其是国有企业经历了股份制改革后，国有资产以出资入股的方式投资到企业，体现为国家拥有一部分额度的国有股权，这类形态的财产就是国有资本。

大部分国有资本主要存在于国有企业中，也有少部分国有资本存在于民营企业当中。此处“民营企业”是指企业的资本以民间资产为投资主体的企业。相对于国有独资企业而言，广义的国有企业是指国务院和地方人民政府分别代表国家履行出资人职责的国有独资企业、国有资本控股公司、国有参股公司，包括中央和地方国有资产监督管理机构和其他部门所监管的企业本级及其逐级投资形成的企业，由国家对其资本

① 资料来源：国务院印发的《改革国有资本授权经营体制方案》。

拥有所有权或者控制权①。

## 二、国有资本运营特点

国有资本运营的主要特点可概括为五个方面：一是坚持党的领导，二是坚持公司治理，三是承担社会责任，四是重视资本安全，五是提高运营效率。

### （一）坚持党的领导

国有资本运营，要毫不动摇地坚持党对一切工作的领导，充分发挥党组织“把方向、管大局、保落实”的领导核心和政治核心作用，实现体制对接、机制对接、制度对接和工作对接。坚持党的建设和经营管理同步谋划，确保更好地贯彻落实党和国家的方针政策、重大决策部署。

### （二）坚持公司治理

国有资本运营，要坚持现代企业制度。企业应依法依规制定公司的章程和规范制度，目的在于规范出资人代表机构、党组织、股东会、董事会、监事会、经理层以及职工代表大会的职责权力。每一个治理的主体必须严格按照公司章程和规范制度行使自己的权利并履行义务。依据《国务院关于推进国有资本投资、运营公司改革试点的实施意见》（国发〔2018〕23 号）文件要求，企业拥有战略规划和主业管理、选人用人和股权激励、工资总额和重大财务事项管理等自主权。

### （三）承担社会责任

中共十八届三中全会通过了《中共中央关于全面深化改革若干重大问题的决定》，该决定提出：国有资本投资运营要服务于国家战略目

① 张峻，仇兴嫱．我国国有资本运营问题研究[J]．财会学习，2018(6)：150－151.

标，更多地投向关系国家安全、国民经济命脉的重要行业和关键领域。重点提高公共服务、保护生态环境、发展重要前瞻性战略性产业、保障国家安全和支持科技进步。[①]

### （四）重视资本安全

国有资本运营还需要保证国有资本的安全。《国务院关于印发改革国有资本授权经营体制方案的通知》（国发〔2019〕9 号）文件指出，通过健全制度、创新手段，整合监督资源，严格责任追究，实现对国有资本的全面有效监管，切实维护国有资产安全，坚决防止国有资产流失。国有资本运营公司要建立全面风险管理体系，将风险管理融入企业文化，使风险意识贯穿始终。

### （五）提高运营效率

国有资本运营，要通过国有资本战略导向投资和配置，提高资本运营效率，实现资本价值增值，从而不断增强国有资本的经济活力、控制力、影响力和抗风险能力。国有资本运营公司以财务性持股为主，同时建立财务管控模式，需要重点关注国有资本的流动和保值增值情况。

① 张国．习近平有关国有企业改革的重要论述及其贯彻执行[J]．毛泽东邓小平理论研究，2018(12)．

## | 第二章 |

# 国有企业改革发展历程综述

自党的十一届三中全会以来，中国开启了改革开放的伟大征程。改革开放 40 多年来，作为经济体制改革的中心环节，国有企业改革大致经历了扩大企业经营自主权、国有企业制度创新和结构调整、以国有资产管理体制改革推动国有企业改革发展和由管资产向管资本转变推动实现国有企业高质量发展四个阶段。在不同阶段，党和国家坚持问题导向和目标导向，针对不同时期的特点和问题，采取了一系列重大改革举措，紧紧围绕培育企业微观主体活力这条主线，通过完善体制环境，逐步建立了社会主义市场经济体制。党的十八大以来，在以习近平同志为核心的党中央的坚强领导下，适应新时代要求，国企改革进一步全面深化，国有资本运营公司和国有资本投资公司成为国资监管机构以管资本为主推动国有企业改革发展和国有资本做强做优做大的重要抓手。

改革开放 40 多年来，国有企业改革发展不断取得重大进展，总体上已经同市场经济融合，运行质量和效益明显提升，在国际国内市场竞争中涌现出一批具有核心竞争力的骨干企业，为推动经济社会发展、保障和改善民生、开拓国际市场、增强我国综合实力做出了重大贡献。本章主要是通过回顾国企改革发展的历程，梳理国有企业改革的历史脉络，探索国有企业改革发展的规律，理清国有资本运营公司应运而生的过程。

# 第一节 从放权让利到转换企业经营机制（1979—1992 年）

党的十一届三中全会拉开了改革开放的大幕，国营企业也开启了以放权让利为主要内容的改革探索，围绕调整国家与企业、企业与职工之间的经济关系，从扩大企业自主权入手，采取扩大企业自主权试点、实行经济责任制、进行“利改税”、推行承包经营责任制等一系列措施，增强企业活力，转换经营机制。这一阶段的改革大体持续了 14 年的时间。

## 一、扩大企业自主权试点

改革开放以前，国营企业是政府主管部门的附属物，企业的生产经营主要依靠国家或上级主管部门下达的指令性计划来实施，这在我国社会主义建设初期对于国民经济的恢复和发展发挥了重要积极作用。但随着社会主义经济建设的发展，特别是进入改革开放时期，国家把工作重点转移到经济建设上来，人们投入经济建设的积极性空前高涨，对外开放的深化让我们逐步认识到在经济管理、技术发展等方面与先进国家的差距，传统计划经济体制的弊端也逐渐凸显，权力过分集中，自上而下统得过死，压抑了职工群众的积极性、主动性、创造性，不能适应经济社会发展新形势的要求。1978 年前后，在总结历史正反两方面经验的基础上，中央对计划经济体制下国有企业体制模式弊端及解决思路的认识逐渐深化，明确提出了放权让利的改革思路。1978 年 10 月，经国务院批准，四川省委省政府在全省范围内的不同行业中选择了重庆钢铁公司、四川化工厂和南充丝绸厂等 6 户具有代表性的国营工业企业率先进行扩大企业自主权试点，充分调动企业和职工的生产积极性，施行 3 个月后企业就超额完成计划。该试点由此成为国企改革起步的标志。

1978年12月，党的十一届三中全会召开，确定把全党工作重点转移到社会主义现代化建设上来，提出对经济管理体制和经营管理方法着手进行认真的改革，指出现在我国经济管理体制的一个严重缺点是权力过于集中，应该有领导地大胆下放，让地方和工农业企业在国家统一计划的指导下有更多的经营管理自主权，更大范围的试点逐步在全国展开。

1979年4月，中央召开工作会议，正式确立了对国民经济实行调整、改革、整顿、提高的新“八字方针”，明确提出为在全国范围内搞好国营企业改革试点，要扩大企业自主权，把企业经营好坏同职工的物质利益挂钩，按照统一领导、分级管理的原则，明确中央和地方的管理权限。随后国家经委等六部门发出通知，选择首都钢铁公司、天津自行车厂、上海柴油机厂等8家企业进行扩大企业自主经营权改革试点，国营企业放权让利改革正式启动。

为了把试点工作有序地推广到全国，1979年7月，国务院颁发《关于扩大国营工业企业经营管理自主权的若干规定》（后称为第一个“扩权十条”）、《关于国营企业利润留成的规定》、《关于开征国营工业企业固定资产税的暂行规定》、《关于提高国营工业企业固定资产折旧率和改进折旧费使用办法的暂行规定》、《关于国营工业企业实行流动资金全额信贷的暂行规定》等5个文件，用以指导改革，并要求各地政府和中央各部门再选择一些企业进行试点，取得经验后再积极稳步地推行。到1979年底，全国试点工业企业扩大到4200个，1980年6月发展到6600个，约占全国预算内工业企业的16%左右，但产值和利润分别占60%和70%左右；商业系统的扩权试点企业为8900家，占商业系统独立核算单位的50%，试点企业的产量、产值和上缴利润等增长幅度，一般都超过试点前的水平，也高于尚未试点的同行业其他企业的水平。

扩大企业自主权改革，初步改变了政府统管、企业无权的局面，使企业有了部分的自主计划权、产品销售权和资金使用权，以及部分的干部任免权等；初步改变了企业只按照国家指令性计划生产，不了解市场需要，不关心产品销路，不关心盈利亏损的情况，增强了企业的经营和市场意识。

## 二、实行经济责任制

通过扩大企业自主权试点，国家放权让利给企业，改善了国家同企业的关系，使企业有了独立的经济权益，但利润留成制度也带来国家同国营企业利润分配关系的调整。同时，企业自主权扩大后，也面临着如何承担相应经济责任的问题。1980 年底的中央工作会议明确，扩大企业自主权改革试点主要在 6600 个企业中继续进行，试点面不再扩大，重点放在总结经验、巩固提高方面。从 1981 年开始，国企改革从扩大企业自主权试点转向实行经济责任制，处理好国家与企业、企业与职工的关系。

1981 年 10 月，国务院批转国家经委、国家体制改革办公室《关于实行工业生产经济责任制若干问题的意见》，要求全面试行经济责任制，重点抓好国家对企业的经济责权利和建立内部经济责任制两个环节。同年 11 月，为进一步指导规范经济责任制改革，国务院批转国家经委、国务院体制改革办公室《关于实行工业生产经济责任制若干问题的暂行规定》，强调工业生产经济责任制是国家计划指导下以提高经济效益为目的，责、权、利紧密结合的生产经营管理制度；实行经济责任制的单位，必须保证全面完成国家计划，首先保证财政上缴任务的完成。

此后，经济责任制很快推行到全国工业企业，到 1983 年，绝大部分国营工业企业和商业企业都实行了各种形式的经济责任制。与扩大企业自主权改革一样，实行经济责任制调整了国家、企业、职工三者利益关系，使企业增强了活力，在一定程度上克服了平均主义、“吃大锅饭”等现象，调动了企业和广大职工的积极性，促进了增产增收，对于稳定国家财政收入起到了一定作用。到1981年，国家财政状况出现明显好转，由1979年、1980年的财政赤字转为财政盈余37亿元。

## 三、实行两步“利改税”

推行经济责任制取得了积极成效，但国家与企业间的分配关系并没有得到很好的解决，特别是包干基数通常是通过“一对一”谈判确定的，造成企业“苦乐不均”等问题的发生。此外由于缺乏预算约束力，企业存在投资冲动，基础建设和计划外项目不断加大、难以控制，而又无人对投资结果负责。在这种背景下，1983年，中央决定除少数工业企业外，全面停止推行企业利润包干制度，转而实行“利改税”，把国营企业上缴利润改为按照国家规定的税种及税率缴纳税金，税后利润由企业分配，探索以法律强制性的形式把国家和企业的分配关系固定下来。

“利改税”的改革分两步进行。第一步“利改税”，采取税利并存制度，即在企业实现的利润中先征收一定比例的所得税和地方税，然后对税后利润进行分成。国务院决定从1983年1月1日起开始对国营企业实行“利改税”，规定国营企业保留原来按销售收入计征的工商税，把相当于基数利润的部分改为所得税。凡有盈利的国营大中型企业，均对实现的利润征收55%的所得税，税后利润再在国家和企业之间合理分配，对小型企业按八级超额累进税率缴纳所得税。1983年4月，国务院批准财政部《关于国营企业利改税试行办法》，明确同年6月1日起，对国营企业普遍征收所得税。到1983年底，全国国营企业除微利企业及经国家批准继续实行利润包干等办法的少数企业外，施行“利改税”的工交商企业突破10万数，占全国盈利企业总数的90%以上。

第一步“利改税”在解决国家和企业的分配关系上又进了一步，改变了企业财务和政府财政的关系，在一定程度上克服了经济责任制过程中国家与企业之间利益分配方面讨价还价带来的弊端，但仍然存在“鞭打快牛”现象，有必要进一步加以改进。

第二步“利改税”由税利并存转为以税代利。1984年9月，国务院批转了财政部《关于在国营企业推行利改税第二步改革的报告》，决定从1984年9月开始实施第二步“利改税”，调整税目和税率，国家对国营企业实现的利润先征所得税，然后根据所得税后利润多少再征收调节税，调节税后利润为企业留利，从次年1月1日起开征。

第二步“利改税”把国家和企业的分配关系用税的形式固定下来，但出于增加财政收入的考虑，税率定得较高，又增加了调节税，企业创利大部分都上缴国家，一定程度上挫伤了企业的积极性，导致实施并未达到预期效果。加之推行的时机正好是经济过热后的宏观经济整顿和紧缩期，1985年和1986年预算内国营企业利润出现了持续20多个月的下滑，“利改税”在实施后不久就被承包经营责任制改革所取代。

## 四、进一步扩大企业自主权

扩权让利改革增强了国营企业的活力，但由于当时认识并不完全统一，在实践中不少扩权措施并没有真正得到有效落实，加之扩权改革本身的局限性，国营企业尤其是国营大中型企业并没有真正地活起来。据统计，1984年全国独立核算的大中型企业有5837户，在这些大中型企业中，搞得比较活的只占15%左右。因此在推行“利改税”政策的同时，广大企业仍然渴望更为宽松的环境，有更多的自主权。为了进一步调动企业的积极性，把经济搞活，提高企业素质，提高经济效益，1984年5月，国务院颁发了《关于进一步扩大国营工业企业自主权的暂行规定》，从生产经营计划、产品销售、产品价格、物资选购、资金使用、资产处置、机构设置、劳动人事管理、工资奖金、联合经营等10个方面扩大了企业经营管理权限，这就是著名的第二个“扩权十条”。“扩权十条”以法规形式明确了企业经营管理的自主权，在很大程度上为企业松了绑，使扩大企业自主权的改革工作有了更大进展，此后各地、各部门也都根据此规定制定了补充规定和落实措施意见。

## 五、全面推行承包经营责任制

1984 年 10 月，党中央召开十二届三中全会，通过了《关于经济体制改革的决定》，强调增强企业的活力，特别是增强全民所有制的大中型企业的活力，是以城市为重点的整个经济体制改革的中心环节；不能把企业的全民所有同国家机构直接经营的企业混为一谈，企业的所有权同经营权是可以适当分开的；要使企业真正成为相对独立的经济实体，成为自主经营、自负盈亏的社会主义商品生产者和经营者，具有自我改造和自我发展的能力，成为具有一定权利和义务的法人。此后以城市为重点的经济体制改革全面展开。

借鉴农村承包责任制的经验，在企业中推行承包责任制成为取代“利改税”继续推进改革的举措。1986 年 11 月，国家体改委发布了《实行企业经营责任制试点意见》，并确定在沈阳、重庆、武汉、石家庄等 6 个城市进行试点。同年 12 月，国务院发布了《关于深化企业改革增强企业活力的若干规定》，明确提出“推行多种形式的经营承包责任制，给经营者以充分的经营自主权”。1987 年 4 月，受国务院委托，国家经委召开全国承包经营责任制座谈会，决定从当年 6 月起在全国范围内普遍推行承包经营责任制。同年 8 月，国家经委、国家体改委印发了《关于深化企业改革、完善承包经营责任制的意见》，指出实行承包经营责任制，必须坚持“包死基数、确保上交、超收多留、歉收自补”的原则，兼顾国家、企业、职工三者利益。承包基数要体现“鼓励先进、鞭策后进”的原则。承包后增加的留利，要大部分用于发展生产，此后各地区在实践中总结出“双包一挂”和“双保一挂”等形式，“双包”即包上交国家利润指标，包完成企业技术改造任务，“一挂”即企业工资总额同经济效益挂钩；“双保”即保上交国家利税，又保完成重点技术改造任务。为促使企业实施好承包经营责任制，1988 年 2 月，国务院发布《全民所有制工业企业承包经营责任制暂行条例》，指出承包经营责任制是在坚持企业的社会主义全民所有制的基础上，贯彻所有权与经营权分离的原则，转变企业经营机制，增强企业活力，提高经济效益，使企业做到自主经营、自负盈亏的一条重要途径，从而将承包经营责任制纳入法制化的轨道。同年 4 月，七届全国人大一次会议通过《中华人民共和国全民所有制工业企业法》对“两权分离”的改革原则做了更为明确的规定，将企业的责权利以法律形式做了明确规定，为企业承包经营责任制改革提供了法律保障。

承包经营责任制产生了良好的效果。1987 年仅实行两个月就一举扭转了全国工业企业利润连续 22 个月下滑的局面，当年就增加财政收入 60 多亿元。1987 年同 1978 年相比，国营企业留利占利润总额的比重由 3.7% 上升到 40% 以上，使企业增强了自我改造和自我发展的能力。

在大中型企业普遍推行承包经营责任制的同时，一些小型国营企业也进行了租赁经营责任制等实行“两权分离”的有益探索，先对资产进行评估、确定租金、招标投标，企业主管部门与承租者签订租赁合同，用承租者财产做抵押。承租期内，承租者按规定缴纳税金和租金，在企业留利中提取承租者收入，也取得了较好的经营效果。到 1987 年底，在 88000 个国有小型工业企业中，实行租赁经营、承包经营和转让的达到 40000 个，占总量的 45%。

有的企业开展股份制改革的试点。1990 年 12 月，国务院办公厅发布了《关于公开向社会发行股票股份制试点的通知》。1992 年 5 月，国家体改委会同有关部门印发了《股份制企业试点办法》《股份有限公司规范意见》《有限责任公司规范意见》及股份制企业财会制度、人事管理制度等 14 个配套文件，使我国股份制改革试点逐步走上法制化、规范化轨道。到 1992 年底，全国股份制试点企业已达 3700 多家，其中有 69 只股票（包括 18 只 B 股）分别在上海和深圳的证券交易所公开上市。

## 六、转换企业经营机制

承包经营责任制在试行之初确实产生了立竿见影的效果，但随后也出现了一些问题，如出现负盈不负亏、技术改造资金得不到保证、以包代管等问题，加之当时企业外部经营环境的变化，国营企业再度陷入困境，企业经营效益直线下降，企业负债急剧增加。1990 年，全国预算内国营工业企业工业总产值增长 1.5%，实现利润总额却下降 18.5%，其中税前利润下降 58%，企业亏损面达到 31%。国营企业面临的严峻形势迫使国企改革的思路转向企业内部经营机制的转换上来。

1991 年 9 月，中央工作会议专门研究如何搞好国有大中型企业的问题，提出增强国有大中型企业活力，除了改善外部条件，更重要的是进一步深化改革，转换经营机制。会议召开之后，转换企业经营机制试点逐步展开，据不完全统计，到 1991 年底确定转换企业经营机制的企业达 766 家。1992 年 7 月，国务院颁布《全民所有制工业企业转换经营机制条例》，对全面落实企业经营自主权，加快经营机制转换，把企业全面推向市场做出了明确规定，赋予企业经营决策权、产品销售权、人事权、内部分配权等 14 项经营自主权。到 1992 年党的十四大召开前，全国进行各种形式的转换企业经营机制改革试点企业达 8000 多家。尽快转换企业经营机制的重点之一是打破企业的“铁饭碗”“铁交椅”“大锅饭”，改革劳动用工制度、人事制度和分配制度，努力建立“干部能上能下、职工能进能出、工资能高能低”的经营机制。由此，全国掀起了轰轰烈烈的“破三铁”活动。据统计，1991 年全国进行劳动、人事、工资分配、社会保险制度综合配套改革的企业达 1458 家，涉及职工 231 万人；试行全员劳动合同制的企业 2903 家，涉及职工 447 万人。

## 七、其他相关方面的改革

随着经济体制改革和国营企业放权让利改革的不断推进，企业的外部经营环境和运行机制也发生了变化。相应地，企业的管理体制、领导体制、行为方式也必须要进行变革，以适应国营企业当时改革发展的要求。

### （一）基建投资体制的“拨改贷”改革

为改变企业“敞口花钱”现象，增强企业的经济效益观念，落实企业使用财政资金的经济责任，提高投资效率，国家决定将基本建设投资逐步由财政拨款改为银行贷款，这就是有名的“拨改贷”。

1979 年 8 月，国务院批转了国家计委、国家建委、财政部《关于基本建设投资试行贷款办法的报告》和《基本建设投资贷款试行条例》，标志着“拨改贷”改革的开始。1984 年底，国家计委、财政部、中国人民建设银行颁发《关于国家预算内基本建设投资全部由拨款改为贷款的暂行规定》，决定自 1985 年 1 月 1 日起，凡是由国家预算安排的基本建设投资，无论企业还是事业单位，全部由基本建设拨款改为银行贷款。1985 年国家预算内投资 386 亿元，改为贷款的达到 368 亿元，占 95. 3% 。虽然“拨改贷”对于建立投资约束机制、遏制资金浪费具有推动作用，但也留下了严重隐患，如企业缺少资本金投入、债务负担沉重、缺乏必要的原始积累用于生产经营等，增加了企业的困难。1989 年，“拨改贷”停止实行。1995 年，国务院决定将部分企业“拨改贷”资金本息余额转为国家资本金，“拨改贷”历史结束。

### （二）企业领导体制的变革

我国国营企业的领导体制，在新中国成立以后曾经多次进行过调整，解放初期实行的是军代表制，1950 年开始普遍实行工厂管理委员会制度，1951 年开始实行生产行政工作的厂长负责制，1956 年决定实行党委领导下的厂长（经理）负责制，这种领导体制名义上一直延续到1984年。随着改革的不断深化和企业自主权的不断扩大，企业的领导体制已逐渐不适应现代化大生产的需要，改革的呼声越发强烈。为了解决企业在生产指挥和经营管理上无人负责的问题，从1982年开始，在北京、上海、天津等地进行了国营工业企业厂长负责制的试点。1984年5月，六届全国人大二次会议提出国营企业将逐步实行厂长（经理）负责制，同月，中央办公厅、国务院办公厅印发通知，决定在大连和常州的全部企业，北京、上海、天津、沈阳4个城市的部分企业实行厂长负责制试点。1984年10月召开的中共十二届三中全会通过的《关于经济体制改革的决定》提出，现代企业分工细密，必须建立统一的、强有力的、高效率的生产指挥和经营管理系统。只有实行厂长（经理）负责制，才能适应这种要求。1986年9月，中共中央、国务院同时颁发《全民所有制工业企业厂长工作条例》、《中国共产党全民所有制工业企业基层组织工作条例》和《全民所有制工业企业职工代表大会条例》，对国营企业的领导体制进行全面改革。随后11月，中共中央、国务院又发出补充通知，强调全民所有制工业企业的厂长（经理）是一厂之长，是企业法人的代表，对企业负有全面责任，处于中心地位，起中心作用。1988年8月正式施行的《全民所有制工业企业法》明确规定全民所有制工业企业实行厂长（经理）负责制。实行厂长负责制，对于转变企业存在的大家负责大家都不负责的局面、提高决策效率和生产指挥系统的应变能力具有重要作用，但一些企业也同时出现了对厂长（经理）监督约束不足等问题。

### （三）由横向经济联合到组建企业集团，国有资本投资公司的“影子”开始出现

改革开放以前，我国工业企业组织结构大体上分为两类，一类是大中型企业，一类是小型企业，两类企业隶属于不同的行政条块，产供销由国家统一安排，彼此间横向联系不多。企业为了谋求发展，必然发生

大而全、小而全的经济行为，严重影响了企业自身的发展和国民经济的整体运行。在企业改革开始以后，搞好工业企业的改组联合，改变不合理的企业组织结构，成为经济体制改革特别是国企改革的一项重要内容。1980 年 7 月，国务院颁发《关于推动横向经济联合的暂行规定》，对企业间的各种经济联合给予充分肯定，进而推动了经济联合的发展，一些经济联合体相继成立。1984 年 10 月，党的十二届三中全会《关于经济体制改革的决定》公布，确立了国有企业改革在经济体制改革中的中心地位，企业间的横向联合也进入一个新的发展阶段。1986 年 3 月，国务院发布了《关于进一步推动横向经济联合若干问题的规定》，要求通过企业之间的横向经济联合逐步形成新型的经济联合组织，发展一批企业群体或企业集团。这是国家文件中第一次出现“企业集团”的提法。随后，经济联营体发展加速，并且首先在部分大中城市展开，按照经济的内在联系组织商品生产和流通，一些经济联营体还实行计划单列。横向经济联合加强了我国大中小企业之间的经济联系，缓解了企业长期存在的条块分割、封闭运行的矛盾，但由于联合各方的所有制、隶属关系和财务关系不能随意改变，企业间的深度联合存在障碍。

1987 年以后，在深入改革企业经营机制的同时，进一步发展各种横向经济联合，主要体现为企业兼并和组建企业集团。1988 年企业兼并在全国全面铺开，部分城市还开设了企业产权交易市场，把企业兼并推向市场。随着承包经营责任制的推行和企业兼并、股份制的出现，企业集团得到了极大的发展和推动。1987 年国家体改委、国家经委联合发布《关于组建和发展企业集团的几点意见》，提出企业集团的组织结构形式。20 世纪 90 年代以后，在全国治理整顿的大背景下，企业集团进入了巩固和提高的时期。1991 年 12 月，国务院批转国家计委、国家体改委、国务院生产办《选择一批大型企业集团进行试点的请示》，确定首批 55 家大型企业集团试点名单。到 1992 年底，全国冠以企业集团名称的经济联合体已有 2600 多家，列入国家试点的达到 55 家，其中有的已经发展成为跨地区、跨部门、跨行业的大型企业集团，有的已经开始向跨国经营发展。

### （四）探索改革国有资产管理体制

随着放权让利改革的深入，要求摆脱政府对企业干预的呼声日益强烈。1984 年，深圳市组建了全国第一家专门的国有资产管理机构——深圳市投资管理公司。1988 年 3 月，七届全国人大一次会议决定设立国家国有资产管理局，作为国务院管理国有资产的职能机构，由财政部归口管理，行使国家赋予的国有资产所有权、监督管理权、国家投资和收益权、资产处置权等职能，以加强国有资产管理，实现国有资产保值增值，防止国有资产流失。国有资产管理局的成立标志着我国国资管理体制改革迈出了重要的一步。其后，各地相继成立这样的国有资产管理机构。国有资产管理局成立后，陆续开展了产权登记、统计汇总、资产评估、产权流转审批等工作，初步建立起一套基本的国有资产管理制度，对于保障国有资产权益、防止国有资产流失发挥了积极作用，这套制度也为后来国有资产管理制度建设奠定了基础。

## 第二节　建立现代企业制度与国有经济的战略性调整（1993—2002 年）

以 1992 年邓小平同志南方谈话和党的十四大、十四届三中全会为标志，我国改革开放和现代化建设进入了新的发展阶段，国有企业改革也从政策调整转向制度创新、结构调整阶段。这一阶段最突出的特点是：在经济体制上明确了建立社会主义市场经济体制的改革方向；在企业微观主体上，开启了以公司制股份制改革为主要形式的现代企业制度探索；在整个国有经济结构层面，更加着眼于搞好整个国有经济，从战略上调整国有经济结构和改组国有企业。在改革的外部环境上，社会保障体系从无到有，各种综合手段支持改革平稳度过结构调整的阵痛期，逐渐成为国企改革的兜底支撑，为市场化改革手段提供了重要的保障。这一阶段大体经历了 10 年的时间。

## 一、初步建立现代企业制度

经过改革开放初期的改革，总体上看，国有企业活力有了进一步的增强，为企业进入市场奠定了初步基础，但改革没有触及计划经济体制下传统企业制度本身的改造，长期困扰国有企业的政企不分、产权不清、企业自主权不落实、自我约束机制不健全等问题，始终未能得到根本解决。1992 年 10 月，党的十四大正式确立了我国经济体制改革的目标是建立社会主义市场经济体制，并提出适应建立社会主义市场经济的要求，国有企业改革要进一步从放权让利为主转向机制转换、制度建设为主。1993 年 11 月，党的十四届三中全会审议并通过了《关于建立社会主义市场经济体制若干问题的决定》，明确提出建立现代企业制度是我国国有企业改革的方向，现代企业制度的内涵是产权清晰、权责明确、政企分开、管理科学。国有企业现代企业制度建设由此展开。1994 年 7 月《中华人民共和国公司法》正式施行，实现了公司制度的法律化，为现代企业制度的建立提供了法律保障。

为了落实党的十四届三中全会精神，1994 年 11 月，国家经贸委、国家体改委会同有关部门选择 100 家国有大中型企业，开展现代企业制度百家试点。随后，全国各省市先后选定了 2500 多家国有企业参加了地方试点工作。试点的主要内容是：完善企业法人制度；确立试点企业国有资产投资主体的地位（国有资本投资公司的“影子”逐渐清晰）；确立企业的公司组织形式；建立科学规范的内部组织管理机构；改革企业劳动人事工资制度；健全财务管理制度等。到 1997 年，试点企业通过不同形式的公司制、股份有限公司和有限责任公司等形式，普遍进行了公司制改制。试点企业在清产核资、明确企业法人财产权的基础上，逐步建立了现代企业制度的领导体制和组织制度框架，初步形成了公司法人治理结构。

党的十五大以后，按照建立现代企业制度的要求，许多大中型国有企业进行了公司制和股份制改造，并在境内或境外资本市场成功上市，这一时期，国有企业上市普遍采用分拆上市的形式，即将企业的优质业务分拆出来单独上市，而其他未上市业务则放在原企业，多数分拆后的上市公司的母体仍是国有独资企业。截至 2001 年底，我国境内国有控股上市公司 903 家，境外国有控股 H 股公司 52 家。

在建立现代企业制度实际过程中，传统体制的弊端容易被带进新体制，扭曲了公司治理结构。1999 年 9 月，党的十五届四中全会通过的《关于国有企业改革和发展若干重大问题的决定》对国有企业建立现代企业制度作出了全面系统的阐述，并对完善公司治理结构提出了新思路。2000 年 9 月，国务院办公厅转发了国家经贸委制定的《国有大中型企业建立现代企业制度和加强管理的基本规范（试行）》。经过规范化改制工作，国有大中型企业建立现代企业制度工作成效显著，截至 2002 年底，全国 4350 家国有大中型企业已有 3468 家完成了公司制改革，企业按《公司法》规定设立了股东会、董事会、监事会和经理层，初步搭建起公司法人治理的框架。

## 二、从战略上调整国有经济结构

20 世纪 90 年代，改革的探索使人们逐渐认识到，要想把数以十万计的国有企业每个都搞好是不现实的，大量在一般竞争性行业从事生产经营的国有中小企业没有优势，竞争力弱、效益低下。1992 年，国有企业亏损面高达 1/3，1994—1998 年，全国国有及国有控股企业利润总额由 1356 亿元连续 4 年下滑至 214 亿元。1995 年，党的十四届五中全会明确指出，要着眼于搞好整个国有经济，对国有企业实施战略性改组，搞好大的，放活小的。1997 年党的十五大报告和 1999 年党的十五届四中全会通过的《关于国有企业改革和发展若干重大问题的决定》提出，要从战略上调整国有经济布局结构，从整体上搞好国有经济，发挥国有经济的主导作用。由此，调整国有经济布局和结构的任务作为国企改革的一项重要内容而展开。

开展企业优化资本结构城市试点。在进行现代企业制度试点的同时，国务院还决定进行优化资本结构的配套改革试点。1994 年，国家经贸委印发《关于在若干城市进行企业“优化资本结构”试点的请示》的通知，选择上海、天津等 18 个城市进行企业“优化资本结构”的试点，在整体推进国有企业转换经营机制的前提下，以市场为依托，采取多种措施探索建立国有企业优胜劣汰机制。试点主要围绕增资、改造、分流、破产等方面展开。优化资本结构的过程是国有经济有进有退调整流动的过程，试点城市在补充企业资本金、减轻企业债务负担、分离社会服务功能、分流富余人员、资产多元化等方面实现了重点突破，在企业破产、兼并和职工再就业方面取得了一定成效。1996 年，试点城市扩大到 58 个，1997 年进一步扩大到 111 个，基本上覆盖了全国所有的中等以上城市。

实行“抓大放小”。“抓大放小”是国家集中精力抓好关键的少数大企业，放开放活数以万计的中小企业。抓大方面，国家在关系国民经济命脉的重要行业和关键领域，培育一批大型企业和企业集团。1997 年 4 月，国务院批转国家计委、国家经贸委、国家体改委《关于深化大型企业集团试点工作的意见》，重点提出建立以资本为主要联结纽带的母子公司体制、进一步增强试点企业集团母公司的功能。截至 1997 年底，全国省部级以上部门批准成立的企业集团共 2302 个，企业集团个数占全国独立核算工业企业的个数为 1.27%，资产总额却占 51.1%，营业收入占 45.5%。此后，随着国有企业三年脱困攻坚的推进，经济效益的好转和提升，到 20 世纪末逐渐形成了一批具有一定规模和实力、发展前景好的大公司和企业集团，成为经济结构调整和企业重组的重要力量，成为参与国际市场竞争的骨干。放小方面，1996—1997 年，国家出台了《关于积极推进国有小型企业改革的意见》《关于放开搞活国有小型企业的意见》《关于加快国有小型企业改革的若干意见》等配套措施。国有小型企业发挥“船小好调头”的优势，积极进行各种形式的改革探索，采取改组、联合、兼并、租赁、承包经营、股份合作制、出售等形式，加快了改革步伐。截至1996年上半年，各种改革方式所占比重大致如下：组建企业集团占1.69%，企业兼并占5.47%，股份合作制占35.13%，合作制占7.8%，承包租赁占15.7%，委托经营占14.42%，出售转让占11.02%，破产占1.31%，合资占3.42%，其他占3.81%。

推进国有企业战略性改组。1998年国务院机构调整，行业管理体制发生重大变化。为建立适度竞争的市场格局，国有企业战略性改组步伐加快，政企分开迈出重大步伐，垄断行业的改革开始起步，培育和组建了一批特大型的企业集团。2001年，国务院办公厅转发国家经贸委等部门《关于发展具有国际竞争力的大型企业集团的指导意见》提出，企业集团要加快改革和发展的步伐，通过建立现代企业制度、加强和完善战略管理、提高技术创新能力、提高市场营销能力、推进内部改革、加强企业管理、突出主业做好企业集团内部重组和分离分流等7项工作以提高国际竞争力。这项改革使国有经济在关系国家命脉的重要行业和关键领域占据了支配地位，进一步优化了国有经济的布局，提高了国有经济的运行效率和效益。截至2001年底，资产总额和营业收入在50亿元以上的特大型企业集团已有179家。

## 三、打好国有企业改革脱困攻坚战

国有企业由于计划体制的长期影响、历史形成的诸多问题、多年以来的重复建设以及非国有经济异军突起、1997年亚洲金融危机等市场环境的急剧变化，一些国有企业不适应市场经济的要求，经营机制不活，生产经营面临困境，经济效益下降，负债率过高，富余人员较多，社会负担沉重，部分职工生活困难。数据显示，1997 年底，全国 16874 户国有大中型工业企业有 6599 户亏损，亏损面 39.1%，这些企业的平均资产负债率达到 79.9%；1997 年全国国有企业亏损额是 1987 年的 12 倍，盈亏相抵实现利润比 1987 年下降了 42%。国有大中型企业的亏损问题已经达到了非常尖锐的程度。为扭转这一严重局面，1997 年 9 月党的十五大和十五届一中全会提出了改革脱困的“三年两目标”，即用三年左右的时间，通过改革、改组、改造和加强管理，使大多数国有大中型亏损企业摆脱困境，力争到 2000 年底大多数国有大中型骨干企业初步建立现代企业制度。

国有企业改革脱困攻坚首先从亏损最严重的纺织行业展开。1997 年，党中央决定以纺织业作为国有企业改革脱困的突破口，开始了“压锭、减员、调整、增效”为主要内容的结构大调整。1998 年，全国共淘汰落后棉纺锭 512 万，分流安置下岗职工 66 万人，国有纺织盈利企业实现利润增长 28%，亏损企业亏损额下降 20%，到 1999 年底提前一年完成全行业脱困目标。在纺织行业脱困工作取得阶段性成果时，针对煤炭生产总量过剩、市场供过于求的状况，国家作出了“下放、关井、监管”的宏观调控决策，将原中央直属和直管的 94 户国有重点煤矿下放地方管理，充分发挥中央和地方两个层面的积极性。从 1998 年实施“关井压产”政策到 2000 年末，全国共关闭各类小煤矿约 4.6 万处，压减产量约 4.2 亿吨，30% 的国有煤炭企业开始逐渐盈利。与此同时，国家开始对冶金、有色、军工、建材、石油化工、电力等行业实行总量控制和结构调整。经过几年的艰苦努力，各重点行业的落后产能大幅压缩，产业结构得到优化，市场供求关系明显改善，经济效益逐年好转。

技术改造和技术进步欠账严重，是导致国有企业陷入困境的重要原因之一。1999 年 6 月，中央政府决定从增发的国债中，每年专门划出 90 亿元用于企业技术改造和产业升级的贷款贴息，这相当于过去中央财政每年技改贴息额的 10 倍。此后，经过两年多的努力，国债贴息技术改造成果显著，重点行业、重点企业的技术装备水平得到提高，企业产品结构得到调整，重点骨干企业的竞争力得到增强。

20 世纪 80 年代初企业固定资产投资和流动资金实行“拨改贷”后，一些国有企业由于资本金不足，建设资金大多靠银行贷款，建成后企业背上了沉重的债务包袱而出现了亏损。为了解决这一问题，国家推出“债转股”政策，1999 年 7 月，国家经贸委、中国人民银行发布《关于实施债权转股权若干问题的意见》，并先后成立了信达、东方、长城、华融四家具有独立法人资格的金融资产管理公司，作为投资主体，负责收购、管理、处置四大国有银行剥离的不良资产，优化国有企业资产负债结构，最大限度保全资产、减少损失。“债转股”的实施，明显改善了国有企业资产负债结构，加快了扭亏为盈的步伐，使一大批国有企业的资产负债率从 70% 以上下降到 50% 以下。

优胜劣汰是市场经济的规律，1994 年 10 月，国务院下发《关于在若干城市试行国有企业破产有关问题的通知》，明确了破产企业职工安置和有关费用来源等政策。针对试点实施过程中出现的问题，1997 年 1 月国务院召开会议，并随后发布《关于在若干城市试行国有企业兼并破产职工再就业有关问题的补充通知》，进一步提出了具体规范要求，明确对破产企业要贯彻“资产变现、关门走人”的原则，防止假破产、真逃债，推动建立了政策性破产的政策体系和工作机制。由于政策落实到位、工作细致规范，政策性破产在国企改革脱困攻坚中发挥了重要作用。一批长期亏损、资不抵债、扭亏无望的企业和资源枯竭的矿山退出了市场。2005 年起，国有企业政策性破产在经过 10 年的艰苦努力后，逐步向依法破产平稳过渡。

艰苦卓绝的国有企业三年改革脱困达到了预期目标。国有及国有控股工业企业实现利润大幅增长，2000 年实现利润 2392 亿元，是 1997 年的 2.9 倍。大多数国有大中型亏损企业实现脱困，1997 年亏损的 6599 户国有大中型工业企业，已通过多种形式减少 4799 户，其中有的实现了扭亏为盈，有的通过关闭破产退出了市场，有的被兼并或进行了改制。

## 四、做好减员增效、再就业和社会保障工作

随着市场经济的发展和国企改革的推进，大量职工下岗，生活十分困难，由此逐渐演变为万众瞩目的社会问题。1993 年全国下岗职工累计达 300 万人，此后逐年上升，到 1997 年已突破 1000 万人。面对短时间内出现的数以千万计的下岗职工，党中央、国务院积极采取一系列措施，做好职工分流安置工作，保持了总体社会稳定，成功地消解了国有企业改革面临的困难和风险。从 1998—2002 年，有 2700 多万国企职工下岗分流，脱离旧体制，告别国企职工身份，从“企业人”变成“社会人”，承受了改革和经济结构大调整的阵痛，为改革作出了巨大的牺牲。

分流安置富余人员。1995 年初，劳动部颁布了《关于全面实施再就业工程的通知》，全面实施再就业工程，但 1997 年前后国企下岗职工问题仍然十分突出。1997 年 1 月，党中央、国务院召开全国再就业工作会议，提出鼓励兼并、规范破产、下岗分流、减员增效、实施再就业工程的政策，决定在国有企业广泛建立下岗职工再就业中心，并建立起“三条保障线”，即下岗职工由再就业服务中心保障其基本生活，进入再就业服务中心 3 年后仍未就业的，要转到社会保险机构领取失业保险金；享受失业保险 2 年后仍未就业的，转到民政部门享受城镇居民最低生活保障。1998 年 6 月，《中共中央 国务院关于切实做好国有企业下岗职工基本生活保障和再就业工作的通知》中指出，全国国有企业普遍建立再就业中心，保障国有企业下岗职工基本生活。截至 1998 年底，所有下岗职工的国有企业都建立了就业服务中心，国有企业下岗职工中有 603. 9 万人进入再就业服务中心，占下岗职工总数的 99%。其中，80. 5% 的下岗职工签订了基本生活保障和再就业协议，93. 2% 的下

岗职工领取了生活费。

2002 年 9 月，中共中央、国务院再次召开全国再就业工作会议，明确国有企业下岗人员工作重点从保障基本生活转到促进下岗失业人员再就业上来，让有劳动能力和就业愿望的下岗员工实现再就业。同月，中共中央、国务院下发了《关于进一步做好下岗失业人员再就业工作的通知》，确立了再就业政策的基本框架。各级政府在促进再就业方面进行了积极的探索，综合运用财政、税收、信贷等多种政策扶持下岗职工再就业。积极就业政策的实施，取得了良好成效，巩固了前期改革的成果，为改革创造了稳定的社会环境。

国有企业主辅分离、辅业改制，拓宽人员安置渠道。2002 年，国家经贸委会同有关部门制定了《关于国有大中型企业主辅分离辅业改制分流安置富余人员的实施办法》，鼓励有条件的国有大中型企业在进行结构调整、重组改制和主辅分离中，利用非主业资产、闲置资产和关闭破产企业的有效资产，改制创办面向市场、独立核算、自负盈亏的法人经济实体，多渠道分流安置企业富余人员和关闭破产企业职工，减轻社会就业压力。截至 2008 年底，全国共有 1365 家国有大中型企业实施了主辅分离辅业改制，分离改制单位过万个，分离安置人员 263. 8 万人。

与国有企业改革攻坚相配套，以职工养老保险、医疗保险为重点的社会保障改革加快启动。自 1997 年起，国务院先后下发了《关于建立统一的企业职工基本养老保险制度的决定》《关于建立城镇职工基本医疗保险制度的决定》《失业保险条例》，启动了以职工养老保险、医疗保险、失业保险为重点的社会保障制度改革。1998 年 6 月，党中央、国务院下发《关于切实做好国有企业下岗职工基本生活保障和再就业工作的通知》，明确提出争取用 5 年左右的时间，初步建立起适应社会主义市场经济体制要求的社会保障体系和就业机制。截至 1998 年底，全国有 8475. 8 万企业职工参加了基本养老保险金社会统筹，占企业职工总数的 80.5%；2727.3 万企业离退休人员参加了离退休社会统筹，占企业离退休人数的 98%。

## 五、进一步探索国有资产管理的有效形式

1993 年党的十四届三中全会通过的《关于建立社会主义市场经济体制若干问题的决定》提出，对国有资产实行国家统一所有、政府分级监管、企业自主经营的体制，并提出按照政府的社会经济管理职能和国有资产所有者职能分开的原则，积极探索国有资产管理和经营的合理形式和途径。1999 年党的十五届四中全会又进一步提出“国家所有、分级管理、授权经营、分工监督”的原则，逐步建立国有资产管理、监督、营运体系和机制。这期间，中央和地方都做了很多有益的探索。

1988 年国家国有资产管理局成立后，在清产核资、资产评估、产权界定和产权登记等方面做了大量工作，但所有者的职能依然分散在不同的政府机构中，国资管理局的职能与有关行政部门的职能产生了交叉。1994 年 7 月，国务院发布《国有企业财产监督管理条例》，规定由国务院代表国家统一行使对企业财产的所有权，实行分级管理和分工监督，将国家国有资产管理局由国务院直属局调整为财政部管理的国家局，并逐步将轻工业部等部分专业经济部门转变为行业总会或经济实体，减少具体审批事务和对企业的直接管理，按行业设置管理部门的工业管理体制逐步开始弱化。1998 年政企分开迈出重大步伐，国务院进行机构改革，撤销了 9 个工业专业经济部门和国家国有资产管理局，成立相应的国家局和行业协会。保留的专业经济部门要实行政企分开，切实转变职能，不再直接管理企业。企业国有资产所有者职能分别由中央政府部门和中组部行使。2001 年，又撤销了保留的 9 个国家局，相关职能划归国家经贸委等部委。专业经济部门的撤销，从体制上解除了与所属企业的行政隶属关系，政企不分的组织基础得以消除，政府职能转

变有了重大进展。同时军、警、政法和党政机关与所办企业也实现了顺利脱钩，为国有企业自主决策、自主经营和参与平等竞争创造了良好的外部环境。

1998 年机构改革九大部委被撤销后，为加强国有大型企业领导班子建设，1998 年 7 月，中央大型企业工委成立，作为党中央的派出机关，主要负责管理国务院监管的大型国有企业和国家控股企业，研究探索改革和加强大型国有企业党的领导班子建设。1999 年 12 月，为进一步加强国有重要骨干企业领导班子建设，充分发挥企业党组织的作用，中央决定撤销中央大型企业工委，成立中央企业工委，将由国务院管理的 163 户企业领导班子、由人事部承担的国务院向国有重点大型企业和企业集团派出稽察特派员的工作，稽察特派员和稽察特派员助理的日常管理工作，移交中央企业工委管理。中央企业工委成立后，加强对国有企业的监督管理，改善企业党的建设和纪检监察工作，推动了保护国有资产、促进企业经营管理、惩处违法违规等工作。2003 年，国务院国资委成立，中央企业工委撤销。

1994 年，国务院发布的《国有企业财产监督管理条例》提出，创设国有企业的监事会制度，明确国有企业的监事会是由政府派出的企业外部机构。1995 年 4 月，国家经贸委制定了《关于监督机构对国有企业派出的监事会工作规范意见》，明确了监事会的组成、职责、议事规则及监管原则等内容。同年 7 月，国家经贸委根据国有资产数额较大、产品和技术设施具有优势、市场占有率对本行业有重要影响等原则，选择了 1000 户关系国计民生的重点骨干企业，对其委派监事会。1998 年，国务院决定建立国有企业稽察特派员制度，先后下发了《国务院向国有重点大型企业派出稽察特派员方案的通知》和《国务院稽察特派员条例》，提出“稽察特派员由国务院派出，代表国家对国有重点大型企业”行使监督权力，并对稽察特派员的工作性质、工作职责、任职条件和工作方式等内容做了具体规定。1999 年，《关于国有企业改革和发展若干重大问题的决定》提出要继续试行稽察特派员制度，同时要积极贯彻党的十五大精神，健全和规范监事会制度。同年，《公司法》进行了修改，以法律形式确定了国有独资公司的外派监事会制度。稽察特派员制度开始向外派监事会制度过渡，从体制上、机制上加强对国有企业的监督，确保国有资产及其权益不受侵犯。为了保证外派监事会依法监督，2000 年 3 月，国务院出台的《国有企业监事会暂行条例》明确规定："国有重点大型企业监事会由国务院派出，对国务院负责，代表国家对国有重点大型企业的国有资产保值增值状况实施监督。"同年 8 月，国务院向国有重点大型企业派出监事会，不再派出稽察特派员。至此，国务院稽察特派员制度过渡到外派监事会制度，外派监事会对国有重点大型企业的监督检查工作全面展开。

## 第三节　出资人制度的明确与企业制度创新的深化（2003—2012 年）

随着 2002 年党的十六大的召开，我国进入全面建设小康社会、加快推进社会主义现代化的发展新阶段。建立有效的国有资产出资人代表制度、落实国有资产保值增值责任成为深化改革的客观需要和重要内容。以 2003 年国务院国资委的成立为标志，国有企业改革进入以改革完善国资管理体制为主要内容的新阶段。这一阶段改革的特点是：从体制上看，构建了国资监管组织体系、法律体系、责任体系，明确了出资人机构的职责；从企业主体上看，公司治理进一步完善，推进了外部董事占多数的规范董事会建设；从结构上看，推进国有企业布局结构调整和优化的力度更大，方式途径更为市场化；从竞争角度上看，国有企业特别是中央企业更大程度上参与了国际竞争。

## 一、建立国有资产出资人代表制度

1998 年政府机构改革，行业管理部门撤销后，推进了政企分开。但实际上也形成了由多部门实施国有资产管理的格局，国有资产多头管理、出资人缺位、经营自主权不能真正落实、监管存在漏洞造成国有资产流失等深层次矛盾问题日益显现，建立新的国有资产管理体制已经迫在眉睫。党的十六大在总结国有资产管理体制实践经验的基础上，做出了改革国有资产管理体制的重大决策，提出“建立中央政府和地方政府分别代表国家履行出资人职责，享有所有者权益，权利、义务和责任相统一，管资产和管人、管事相结合的国有资产管理体制”，并明确了深化国有资产管理体制改革的基本原则：一是坚持政企分开、政资分开，政府公共管理职能与国有资产出资人职能分离；二是坚持权利、义务和责任相统一，管资产与管人、管事相结合，落实国有资产保值增值责任；三是坚持所有权和经营权分离，维护企业经营自主权和法人财产权；四是在国家所有的前提下，由中央政府与地方政府分别代表国家履行出资人职能，分级代表，分级监督。

依据十届人大第一次会议批准的国务院机构改革方案和《国务院关于机构设置的通知》，2003 年 3 月 24 日中共中央发布《关于成立中共国务院国有资产监督管理委员会有关问题的通知》，4 月 9 日，国务院国有资产监督管理委员会（以下简称“国务院国资委”）正式成立，这是中华人民共和国成立以来中央政府第一个代表国家履行出资人职责的国务院直属特设机构，从制度上和实践上实现了政府的公共管理职能与国有资产出资人职能的分离，改变了过去政府直接管理企业的职能，从机构设置上实现了政企分开、政资分开，是我国经济体制改革的一个重要里程碑。

根据“三定”方案，国务院国资委承接了国家经贸委、中央企业工委、劳动和社会保障部、财政部的有关国有资产出资人职能和监督管理职能。国务院国资委成立后，各省（区、市）、市（地）国有资产监督管理机构相继组建，建立了一套较完整的专司出资人职责的组织体系。截至2004年6月，全国31个省（区、市）和新疆生产建设兵团国资监管机构全部组建。市（地）级国有资产监管机构的组建工作基本完成，全国大多数市（地）设立了国资委，没有单独设立国资委的也采取多种形式明确了国有资产监管机构。国务院国资委和省（区、市）、市（地）两级地方政府国资委的组建，对国有企业改革发展具有重大意义，初步解决了政企不分、政资不分、多头管理、出资人不到位、责任不落实等体制性问题。

建立国有资产监管制度体系。国务院国资委成立之初有196户监管企业和6.9万亿元的国有资产。2003年5月27日，国务院颁布了《企业国有资产监督管理暂行条例》，以行政法规的形式明确了国有资产管理体制的基本框架和国有资产管理的基本制度，为开展国有资产监督管理工作提供了法律依据。围绕《企业国有资产监督管理暂行条例》，按照统筹兼顾、急用先立的原则，国务院国资委制定了一系列配套的规章制度文件，内容包括清产核资、经营业绩考核、产权转让、规范改制、国有企业改革重组和国有经济结构调整等多个方面，逐步确立了国有资产出资人的制度基础。2008年10月《中华人民共和国企业国有资产法》（以下简称《企业国有资产法》）颁布实施，以国家法律的形式明确了国资委作为政府授权履行出资人职责机构中的主体地位，规范了国有资产监督管理机构与所监管企业之间的出资关系。各级国资委遵照法律条例，围绕建立国有资产保值增值的责任体系，积极探索依法履行出资人职能的方式和途径，一系列国资管理的制度规范逐步建立。截至2012年，国务院国资委（会同其他部门）发布各类规章和规范性文件299件，地方政府及国资委制定发布了约2800个地方性国有资产监管法规、规章和规范性文件，内容涉及规范改制、国有资本结构调整和重组、产权管理、发展战略与规划、主辅分离、股权激励、股权分置改革、统计评价、企业资产和财务监督、企业负责人业绩考核和选聘薪酬制度等多个方面。由此，基本形成了以《企业国有资产法》为龙头，以《企业国有资产监督管理暂行条例》为基础，以国有资产出资人制度、国家出资企业制度、国有资产统一监管制度三大制度体系为基本框架，以国务院国资委制定的规章、规范性文件和地方国资委制定的规范性文件为具体内容的国有资产监管法规体系，为实现国有资产管理制度创新、推动国有企业改革发展提供了制度保障。

清产核资，摸清家底。从2003年9月到2004年底，国务院国资委组织开展了新中国成立以来的第六次清产核资，主要是规范企业清产核资工作，真实完整反映企业的资产和财务状况，完善企业基础管理，为科学评价和规范企业经营绩效及国有资产保值增值提供依据。通过这次清产核资，基本摸清了中央企业的“家底”，清理出各项资产损失或不良资产3521.2亿元，核实了资产质量，消化处理了不少历史遗留问题。在清产核资的基础上，积极推进中央企业执行新的《企业会计制度》，通过计提八项资产减值准备，及时消化处理资产损失，为企业快速健康发展奠定了重要基础。

对企业负责人实行规范的经营责任和业绩考核。2003年5月，国务院颁布的《企业国有资产监督管理暂行条例》对建立国有资产经营考核制度作出了明确规定。2003年11月，国务院国资委发布《中央企业负责人经营业绩考核暂行办法》，建立了年度考核与任期考核相结合、结果考核与过程考评相统一、业绩考核与奖惩紧密挂钩的考核制度，用量化指标约束国有资产经营者，按经营业绩领取薪酬。2004年，各地方国资委组建成立后，也将经营业绩考核作为开局阶段的重点工作。到2005年末，在全国国有企业范围内，企业经营业绩考核制度和体系基本建立。随着实践的不断深入，国务院国资委不断完善中央企业经营业绩考核体系，并于2010年开始实施经济增加值（EVA）考核和全员业绩考核，完善企业的结构性指标，实现考核全方位覆盖，经营业绩考核由从注重利润转变为股东创造价值。

积极探索国有资产监管的有效形式。围绕建立健全出资人财务监督制度体系，加强企业财务监督，规范中央企业财务决算及审计管理，建立了企业预决算管理、会计核算监督、中介审计监督、财务动态监督等工作制度。各地也普遍加强了财务监督和统计评价工作，开展了国有资产运营状况统计和监管企业财务决算管理。加强重大投融资项目管理，建立企业重大投融资监管体制和管理体系，加强对企业决策程序、投资规模、投资结构和投资回报率的审查，防范投资风险。按照建立现代产权制度的要求，推动建立以产权界定、产权流转和产权保护为主要内容的企业国有产权管理制度体系框架。2004 年 2 月，国务院国资委会同财政部发布《企业国有产权转让管理暂行办法》，加强对企业国有产权交易的监管，规范产权交易转让行为，推动了国有产权规范有序流转。各地还普遍加强了产权交易机构的建设，涌现出一些区域性产权交易机构。随着进场率和竞价水平不断提高，产权交易市场逐渐成为国有资本进退的主要通道，成为国有经济布局和结构调整的重要平台，成为中国资本市场的重要组成部分。2012 年全国产权市场公开转让企业国有产权 866 亿元，平均增值率达到 19%。

完善外派监事会制度。2003 年 5 月 27 日，国务院颁布的《企业国有资产监督管理暂行条例》规定，由国资委代表国务院向其所出资企业中的国有独资企业和国有独资公司派出监事会。监事会的组成、职权、行为规范等，依照《国有企业监事会暂行条例》的规定执行。2005 年 10 月修订的《公司法》规定，国有独资公司监事会成员除了职工代表外，由国有资产监督管理机构委派，监事会主席由国有资产监督管理机构指定。2006 年 9 月，国务院国资委印发《关于加强和改进国有企业监事会工作的若干意见》，明确从 2007 年开始监事会由当年检查企业上年度情况逐步调整为检查当年情况，开展当期监督，提高监督时效性。2008 年 10 月《企业国有资产法》规定，国有独资公司、国有资本控股公司和国有资本参股公司依照《公司法》的规定设立监事会，进一步巩固外派监督监事会制度的法律地位。

建立国有资本经营预算制度。2007 年 9 月，国务院印发的《关于试行国有资本经营预算的意见》明确指出，按照国务院规定，中央本级国有资本经营预算从 2008 年开始实施，2008 年收取实施范围内企业 2007 年实现的国有资本收益。同年 12 月 11 日，财政部和国务院国资委下发《中央企业国有资本收益收取管理暂行办法》，明确国有资本收益涵盖范围。2009 年 5 月 1 日我国施行的《企业国有资产法》，从法律上确立了国有资本预算制度。至此，我国国有资本经营预算有了明确的法律依据和政策规定，标志着我国国有资本经营预算制度初步建立。到 2010 年，各省（区、市）已基本建立国有资本经营预算制度，国有资本经营预算全面开展，为我国社会保障体系提供了制度性支撑。

## 二、进一步推进现代企业制度建设

随着国企改革的深入推进，国有企业现代企业制度的基本框架已经初步建立，但与现代企业制度的内涵、实际效果仍有很大距离，在建立有效制衡的法人治理结构，特别是在董事会建设方面仍须做大量工作。国务院国资委和各地国资委成立后，加快了建设现代企业制度的步伐。

加大股份制改革力度，特别是国有大中型企业的股份制改革力度，一大批国有企业控股的企业通过主业资产上市或整体上市的形式在境内外上市或增发股票，并按照上市公司规范运作的要求，整合业务和内部组织构架，加强财务基础管理，完善了公司治理结构。截至 2012 年底，全国 90% 以上的国有企业完成了公司制股份制改革，中央企业的公司制股份制改制面由 2003 年的 30.4% 提高到 2012 年的 72%。国有控股上市公司共 953 家，占我国 A 股上市公司数量的 38.5%，市值合计 13.71 万亿元，占 A 股上市公司总市值的 51.4%。

股权分置改革。2005 年 4 月国家启动了股权分置改革试点，按照股权分置改革的部署安排，各级国资监管机构积极稳妥地推进国有控股上市公司股权分置改革。股权分置改革的主要成果是国有股的全流通，这对股权结构优化、股权流转、资本市场的健全完善是一次具有标志性意义的重大进展。截至2006年底，股权分置改革基本完成，全国766家国有控股上市公司有740家完成或启动了股改程序，为国企改革提供了一个全国范围的资源配置平台。

防范国有资产流失。针对国有企业改制过程中出现的国有资产流失现象，2003年11月，国务院办公厅转发了国务院国资委制定的《关于规范国有企业改制工作的意见》，在总结过去改制经验和不足的基础上，对国有企业改制全过程进行了规范，为产权交易各方公开、公平、公正交易提供了制度保障。针对管理层持股问题，2005年4月，国务院国资委会同财政部联合发布了《企业国有产权向管理层转让暂行规定》，同年12月，国务院又转发了国务院国资委制定的《关于进一步规范国有企业改制工作的实施意见》，从制度上堵塞了国有企业改制的漏洞。在规范改制的同时，各级国资委会同有关部门对部分地区进行国有产权转让的监督检查，及时纠正国有企业改制中的问题，有效防止了国有资产流失。

以规范董事会建设为重点，完善国有企业公司治理结构。2004年6月，国务院国资委印发了《关于中央企业建立和完善国有独资公司董事会试点工作的通知》，选择宝钢集团、神华集团等7家企业进行建立和完善董事会的试点。试点的主要举措是建立外部董事会占多数的规范的董事会，以利于决策层与执行层分开。国务院国资委还把出资人的部分职权如重大投融资决策权等赋予了规范的董事会，并逐步由董事会选聘、考核经理人员，决定经理人员薪酬，大力推进董事会的权利、义务和责任的统一，有效发挥董事会作用。许多省市也开展了建设规范董事会试点，引入外部董事，优化董事结构，公司治理进一步完善。

推进企业内部三项制度改革。国务院国资委成立后，首先把改革的目光投向了中央企业负责人薪酬改革，出台了一套规范的薪酬计算办法，根据企业大小、责任大小，兼顾行业水平确定薪酬，中央企业的薪酬管理得以初步规范。2008 年国务院国资委试行工资总额预算管理，建立健全工资增长与企业效益增长相适应的联动机制，对工资总额和工资水平进行双重调控，逐步缩小行业差距。2009 年，国务院国资委印发《关于深化中央企业劳动用工和内部收入分配制度改革的指导意见》，积极探索建立以岗定薪、体现差异、按绩取酬、拉开差距，同贡献挂钩的内部分配制度，收入分配的市场化程度逐步提高，“大锅饭”的分配体制逐步改变。面向海内外公开招聘经营管理者。从 2003 年开始，国务院国资委选择部分高管职位在全球公开招聘，截至 2011 年底，中央企业有 141 个高管职位在全球公开招聘，累计选聘各级经营管理人员 60 万人。

## 三、加大国有经济布局和结构调整力度

调整国有经济布局和结构，是深化经济体制改革、完善社会主义市场经济体制的一项重大任务。党的十五大后，国有经济布局和结构调整取得积极进展，1998—2003 年国有及国有控股企业从 23.8 万家减少到 15 万家，实现利润从 213.7 亿元提高到 4951.2 亿元，但总体上看，国有经济战线过长、过于分散、结构趋同等问题仍然突出，布局和结构不合理的状况尚未根本改变。国务院国资委和地方国资委成立后，着手从战略上对整个国有经济布局和结构进行统筹安排，对国有企业改制改组进行通盘考虑。

企业重组是国有经济布局结构调整的重要载体和实施路径。2003 年以来，新的国有资产管理体制打破了原来部门和行业的壁垒，采取出资人主导与尊重企业主体地位相结合的方式实施重组调整，使得国有资本配置的重组调整目标更明确、范围更广、规模更大，方式也更为灵活。2004 年开始，国务院国资委推进企业非主业剥离重组，分批核定企业主业，明确企业战略定位和发展方向，将有限的资源集中投入到核心领域和关键环节，突出主业，提高核心竞争力。2006 年底，国务院

国资委出台《关于推进国有资本调整和国有企业重组的指导意见》，提出进一步推进国有资本向关系国家安全和国民经济命脉的重要行业和关键领域集中。2003—2012 年，中央企业通过强强联合、兼并重组，进行了国有资产经营公司试点，形成了一批具有较强综合竞争力的大型企业集团，其中，资产总额超过千亿元的有 57 家，销售收入超过千亿元的有 43 家，利润超过百亿元的有 22 家，进入世界 500 强企业的达 43 家，为经济社会发展贡献了巨大力量。

垄断行业的改革也取得积极进展。党的十六大明确提出推进垄断行业改革，党的十七大进一步提出深化垄断行业改革，引入竞争机制。2010 年 5 月，国务院颁布《关于鼓励和引导民间投资健康发展的若干意见》，进一步明确民间资本可以进入能源、军工、电信、航空运输等传统垄断行业，非公有制经济发展的体制环境得到改善。通过改革行业管理体制、实施企业分拆重组、放宽市场准入、投资主体多元化、强化定价成本监审等举措，垄断行业国有企业改革不断深入，电力、民航、电信等垄断行业初步形成了多家竞争的市场格局，全国各地市政公用事业领域（包括城市供排水、污水处理、供热、供气、公共交通、市容环卫、垃圾处理等）的市场化改革步伐加快，军工行业国有企业股份制改革呈现出加速推进态势。

政策性关闭破产最后攻坚，逐步转向依法破产。2003 年 12 月，国务院国资委召开全国企业兼并破产工作会议，提出国有企业政策性关闭破产工作逐步向依法破产平稳过渡。2006 年 1 月，国务院办公厅转发《关于进一步做好国有企业政策性关闭破产工作的意见》，明确了总体规划实施的范围和重点。2006 年 8 月底，重新制定的《中华人民共和国企业破产法》颁布实施，从法律上明确了国有企业政策性关闭破产向依法破产平稳过渡。截至 2008 年底，政策性关闭破产工作基本结束，5010 户长期亏损、资不抵债、扭亏无望的国有困难企业和一批资源枯竭的矿山平稳有序地退出了市场，促进了企业优胜劣汰机制的建立；近

1000 万名破产企业职工得到妥善分流安置，基本解决了长期积累起来的国有困难企业职工生活保障问题。

## 四、充分发挥国有企业党组织政治核心作用

党的十五届四中全会、十六届四中全会都分别对国有企业党组织发挥政治核心作用的主要内容作出明确规定，党的十七届四中全会进一步明确了国有企业党组织发挥政治核心作用的着力点、目标任务和实现途径，提出国有企业党组织要把建设高素质经营管理者队伍、人才队伍、党员队伍、职工队伍和增强国有经济活力、控制力、影响力贯穿国有企业党组织活动始终，保证党组织参与决策、带头执行、有效监管、发挥政治核心作用。2009 年召开的全国国有企业党的建设工作会议提出，毫不动摇地坚持党对国有企业的领导，加强和改进国有企业党的建设，充分发挥国有企业党组织的政治核心作用。这次会议对党组织在现代企业制度下充分发挥政治核心作用做了进一步阐述，强调要建立中国特色现代企业制度，明确党委在公司法人治理结构中的职责权限，从体制机制上确保党组织政治核心作用的有效发挥以及公司治理机制的有效运行。

中共中央关于加强国有企业党建工作的方针政策，为各级国资监管机构做好国有企业党建工作提供了根本遵循。国务院国资委会同中央组织部等部门积极探索国有企业党组织发挥政治核心作用的途径方式，2004 年中央办公厅转发了《中央组织部 国务院国资委党委关于加强和改进中央企业党建工作的意见》，对“双向进入、交叉任职”做了阐述，明确国有企业要充分发挥党组织的政治核心作用，建立和完善公司法人治理结构，全心全意依靠工人阶级。在决策环节，党组织主要是把好政治关，保证党的方针政策在企业中的贯彻落实，不能代替董事会决策；在执行环节，党组织带头模范执行，党员干部和普通党员都要成为岗位上的先进分子；在监督环节，坚持党要管党，监督党员干部和普通党员发挥模范带头作用。

## 第四节　由管资产向管资本转变推动实现国有企业高质量发展（2013 年至今）

### 一、国有资产监管工作持续推进

现阶段，国资监管、授权经营体制改革仍处于由传统的“国资委—国有企业”两层结构向“国资委—国资投资运营公司—经营性国企”三层（级）结构过渡阶段，改革进入深水区和攻坚期后，出现一些深层次问题，究其根源在于体制垄断、国资监管方式、手段和管理模式制约。从党的十八届三中全会《决定》到 2015 年“1 + N”总体实施方案出台，从 2014 年国务院国资委首批的“四项改革”试点到 2016 年审批的“十项改革”试点，国有企业由管资产向管资本转变从而推动实现国有企业高质量发展工作一直持续深入推进。

中共中央、国务院在 2015 年 8 月 24 日印发的《关于深化国有企业改革的指导意见》中指出，自我国改革开放以来，国有企业改革发展一直不断取得重大工作进展，从总体上来说，已同市场经济相融合，但同时改革也出现了诸多问题和矛盾，比如，部分企业的市场主体地位尚未真正确立，现代企业制度还需完善，国有资产监管体制有待健全，国有资本运行效率不高；一些企业内部管理混乱，利益输送、国有资产流失等问题凸显，企业办社会职能和历史遗留问题还未完全解决；一些企业的党组织、管党治党的责任不落实且党组织的作用被弱化。未来，国有企业面对着激烈的国际竞争和转型升级的压力巨大。该意见指出，到 2020 年，国有企业改革的重要领域和关键环节必须要取得决定性成果，形成更加符合我国基本经济制度和社会主义市场经济发展要求的国有资产管理体制、现代企业制度、市场化经营机制，国有资本布局结构更趋合理，造就一大批善于经营、德才兼备、充满活力的优秀企业家，培育一大批具有创新能力和国际竞争力的国有骨干企业，国有经济控制力、活力、影响力、抗风险能力明显增强。国有企业公司制改革基本完成，国有资产监管制度更加成熟，相关法律法规更加健全，监管手段和方式不断优化。国有资本配置效率显著提高，国有经济布局结构不断优化、主导作用有效发挥。企业党的建设全面加强，反腐倡廉制度更加完善。①

2020 年 6 月 30 日，中央全面深化改革委员会第十四次会议审议通过了《国企改革三年行动方案（2020—2022 年）》。会议指出，国有企业是中国特色社会主义的重要物质基础和政治基础，是党执政兴国的重要支柱和依靠力量。在这次应对新冠肺炎疫情过程中，国有企业勇挑重担，在应急保供、医疗支援、复工复产、稳定产业链供应链等方面发挥了重要作用。今后 3 年是国企改革的关键阶段，要坚持和加强党对国有企业的全面领导，坚持和完善基本经济制度，坚持社会主义市场经济改革方向，抓重点、补短板、强弱项，推进国有经济布局优化和结构调整，增强国有经济竞争力、创新力、控制力、影响力、抗风险能力。

## 二、进一步完善国有企业法人治理结构

2017 年 4 月，国务院办公厅印发了《关于进一步完善国有企业法人治理结构的指导意见》。该意见指出，完善国有企业法人治理结构是

① 中共中央、国务院关于深化国有企业改革的指导意见[J]. 中国有色建设，2015(3).

全面推进依法治企、推进国家治理体系和治理能力现代化的内在要求，是新一轮国有企业改革的重要任务。2017年底前，国有企业公司制改革基本完成。到2020年，党组织在国有企业法人治理结构中的法定地位更加牢固，充分发挥公司章程在企业治理中的基础作用，国有独资、全资公司全面建立外部董事占多数的董事会，国有控股企业实行外部董事派出制度，完成外派监事会改革；充分发挥企业家作用，造就一大批政治坚定、善于经营、充满活力的董事长和职业经理人，培育一支德才兼备、业务精通、勇于担当的董事、监事队伍；党风廉政建设主体责任和监督责任全面落实，企业民主监督和管理明显改善；遵循市场经济规律和企业发展规律，使国有企业成为依法自主经营、自负盈亏、自担风险、自我约束、自我发展的市场主体。健全以公司章程为核心的企业制度体系，充分发挥公司章程在企业治理中的基础作用，依照法律法规和公司章程，严格规范履行出资人职责的机构、股东会、董事会、经理层、监事会、党组织和职工代表大会的权责，强化权力责任对等，保障有效履职，完善符合市场经济规律和我国国情的国有企业法人治理结构，进一步提升国有企业运行效率。理顺出资人职责，转变监管方式。加强董事会建设，落实董事会职权。维护经营自主权，激发经理层活力。发挥监督作用，完善问责机制。坚持党的领导，发挥政治优势。

## 三、进一步推进监管职能转变

2017年4月，国务院办公厅印发的《关于转发国务院国资委以管资本为主推进职能转变方案的通知》。该通知要求，要调整优化监管职责，按照职权法定、规范行使权力的要求，精简、调整、优化监管职责，将强化出资人监管与落实管党、治党责任相结合、落实企业保值增值责任结合搞活企业，做好整合监管职能与优化机构设置相结合，强化3项资本职能，精简43项监管事项，整合三方面的相关职能。加大政府简政放权的力度，更好更快地维护企业在市场的主体地位，推动完善现代企业制度和规范，健全各负其责、各司其职、有效制衡、协调运转的国有企业法人治理结构。坚持权力和责任的统一和匹配，层层建立权力并确定责任清单，确保企业接住管好精简的具体事项，体现国资监管要求，确保落实企业的保值增值。按照党中央全面从严治党的战略部署，严格落实管党治党责任，全面加强国有企业内部党的建设，保证党和国家政策方针以及各项有关部署在国有企业的贯彻和执行。强化激励约束，完善规划投资监管。加强国有资产监督，防止国有资产流失，坚持出资人管理和监督的有机统一，强化外派监事会监督，严格落实责任，精简监管事项，增强企业活力，取消一批监管事项，下放一批监管事项，授权一批监管事项，移交一批社会公共管理事项。整合相关职能，提高监管效能：包括国有企业改革职能、经济运行监测职能、推动科技创新职能。全面加强党建工作，强化管党治党责任，建立健全党建工作责任制。坚持党管干部原则与市场化机制相结合，党的领导与完善公司治理相统一。加大企业纪检监察工作力度。同时改进监管方式，事前制度规范、事中跟踪监控、事后监督问责，积极适应各项职能的转变和增强企业活力、强化监督管理的需要，创新监管方式，更多地采用市场化、法治化、信息化的监管方法，提高监管的针对性和实效性。强化依法监督管理、分类监管、阳光监管，优化监管流程。

## 四、加快推进国有资本投资、运营公司改革试点

2018 年 7 月，国务院办公厅印发了《关于推进国有资本投资、运营公司改革试点的实施意见》。该意见指出，改组、组建国有资本投资、运营公司，是以管资本为主改革国有资本授权经营体制的重要举措，通过改组、组建国有资本投资、运营公司，构建国有资本投资、运营主体，改革国有资本授权经营体制，完善国有资产管理体制，实现国有资本所有权与企业经营权分离，实行国有资本市场化运作，发挥国有资本投资、运营公司平台作用，促进国有资本合理流动，优化国有资本

投向，向重点行业、关键领域和优势企业集中，推动国有经济布局优化和结构调整，提高国有资本配置和运营效率，更好地服务国家战略需要，试点先行，大胆探索，及时研究解决改革中的重点难点问题，尽快形成可复制、可推广的经验和模式。国有资本投资公司主要以服务国家战略、优化国有资本布局、提升产业竞争力为目标，在关系国家安全、国民经济命脉的重要行业和关键领域，按照政府确定的国有资本布局和结构优化要求，以对战略性核心业务控股为主，通过开展投资融资、产业培育和资本运作等，发挥投资引导和结构调整作用，推动产业集聚、化解过剩产能和转型升级，培育核心竞争力和创新能力，积极参与国际竞争，着力提升国有资本控制力、影响力。国有资本运营公司主要以提升国有资本运营效率、提高国有资本回报为目标，以财务性持股为主，通过股权运作、基金投资、培育孵化、价值管理、有序进退等方式，盘活国有资产存量，引导和带动社会资本共同发展，实现国有资本合理流动和保值增值，国有资本投资、运营公司试点工作应分级组织、分类推进、稳妥开展，并根据试点进展情况及时总结推广有关经验。中央层面，继续推进国有资产监管机构授权的国有资本投资、运营公司深化试点，并结合本实施意见要求不断完善试点工作，同时推进国务院直接授权的国有资本投资、运营公司试点，选择由财政部履行国有资产监管职责的中央企业以及中央党政机关和事业单位经营性国有资产集中统一监管改革范围内的企业稳步开展。地方层面，试点工作由各省级人民政府结合实际情况组织实施。

| 第三章 |

# 国有资本运营公司功能及定位解析

## 第一节　我国国有资本监督管理体制简述

### 一、国资委成立前的国有资产监督

计划经济时代，建立了高度集中、统收统支的国有资产管理体制，即“国家所有、分级管理和计划管理”。在这种体制下，各级政府的社会经济管理职能与国有资产所有者职能完全合一。国有资产管理机构与国家行政机构混为一体，整个国家管理机构完全是行政化运作，对国有资产和国有企业的管理通过政府的各职能部门行使职权，对国有企业及其所拥有的国有资产运营采取集中的直接管理。从管理对象看，注重实物管理；从管理内容看，注重国有企业产供销全过程的管理；从管理手段看，主要依靠的是行政手段。

随着国家计划经济向市场经济转型和国有企业“放权让利”改革的不断深化，国有资产管理机构设置呈现“混合型特征”：既有专门负责国有资产管理的机构，又保留了原有的政府职能部门承担的国有资产管理职能，形成了政府代理行使国有资产所有权职能与社会经济管理机构合一的状况。

1988 年成立了国家资产管理局，代表国务院专司国有资产管理职能，这是集中监管企业国有资产的一次探索，其实质在于实现政资分离，按照“统一政策，分级管理”的原则，国有资产管理局集中行使原由各行业主管部门分散行使的企业国有资产管理权，对经营性企业国有资产和非经营性企业国有资产实施一体化管理模式。在此阶段，国家国有资产管理局和行业主管部门共同对企业国有资产履行监管者的职能，存在边界不清的问题，国有资产管理局不能发挥应有的作用，实际只能做一些辅助性的工作，如会计核算等。这种监管模式产权不清晰，责权利不明确，多头管理，国有资产流失严重。

1994 年国务院机构的“三定”方案中，将国家国有资产管理局从国务院直属局改为财政部下属局。同时，逐步将轻工业部、纺织工业部和航空航天工业部等部分专业经济部门转变为行业总会或经济实体，减少具体审批事务和对企业的直接管理，计划经济时代按部门、行业设置管理部门的工业管理体制才逐步开始弱化。

1998 年国家国有资产管理局撤销，不设独立的国有资产管理机构，国有资产管理职能被政府各职能部门分割行使：人事权在人事部、组织部或大企业工委；投资权在计委；国有企业的宏观调控和资产处置权在经贸委；资产收益权在财政部，出现“九龙治水”的局面。

这个阶段，国有资产出资人职责分散在政府多个部门，无人对国有资产运行质量和保值增值真正负责，多头管理、权责不一致、运营效率低下和国有企业出资人缺位问题日益突出，严重制约了国有企业改革发展中一系列深层次矛盾的解决。

## 二、国资委成立后的国有资产监督管理

党的十六大决定国家要制定法律法规，建立中央政府和地方政府分别代表国家履行出资人职责，享有所有权权益，权利、义务和责任相统一，管资产和管人、管事相结合的国有资产管理体制。[①] 为贯彻党的十

① 黄淑和．企业家在国有企业改革发展中大有作为——在 2003 年全国企业家活动日上的讲话[J]．施工企业管理，2003(22)：20－22.

六大和十六届二中全会精神，国务院特别设立了国有资产监督管理委员会，还颁布了《企业国有资产监督管理暂行条例》，这标志着我国国有企业改革和发展进入了一个新的阶段。

构建国有资产监督体系新模式，改变了部门、地区条块所有、条块分割、最终无人负责的现状，明确了国有资本所有者代表，解决了长期存在的国有资产多头管理和出资人缺位问题，从法律依据和机构设置上第一次实现了政府社会公共管理职能与国有资产出资人职能的分离，为建立健全产权清晰、权责明确、政企分开、管理科学的现代企业提供了重要的体制保证，对促进优化国有资本配置、增强国有资本保值增值观念具有重要意义。

这个阶段，“政资分开”，政府部门不再直接干预企业的生产经营活动，企业从过去面向政府转为面向市场。由于政企权责不明晰，政企不分、政资不分问题依然存在，国资监管还存在错位、越位、缺位等现象，一部分国有企业市场地位尚未确立，现代企业制度不健全，国有资产运行配置效率不高，国有经济布局结构有待进一步优化。

## 三、由管资产向管资本转变的监督管理

党的十八大特别是十八届三中全会以后，国有企业改革进入了全面深化的新阶段。2015 年出台的《关于深化国有企业改革的指导意见》和《中共中央 国务院关于深化国有企业改革的指导意见》对改组、组建国有资本投资、运营公司提出了原则要求。2017 年 5 月发布的《国务院国资委以管资本为主推进职能转变方案》取消、下放、授权 43 项权力，突出国资委强化管资本重点职能，科学界定国有资产出资人监管的边界，构建国资委作为国有资产出资人的监管体制。国资委作为出资人，按照《公司法》《企业国有资产法》依法享有资产收益、参与重大决策和选择管理者等权利，对国资委的法定权责予以明确。

2018年正式发布了《国务院关于推进国有资本投资、运营公司改革试点的实施意见》，该意见成为改组、组建国有资本投资、运营公司的具体实施和操作的规范、指南。国有资本投资、运营公司均为国家授权范围内履行国有资本出资人职责的国有独资公司，是国有资本市场化运作的平台，国有资本投资、运营公司将以资本为纽带、以产权为基础依法独立开展国有资本运作工作，但不从事具体生产经营活动。确定了“国资监管机构—国资投资运营公司—国资企业”三级国有资产管理体制架构，国资部门将国有资本的经营权利交给投资、运营公司，由两类公司承担国有资本的股权或资本管理职能，国资部门仅根据授权通过两类公司依法履行出资人职责，不再直接监管企业，实现真正的政企分开。

2019年4月，《国务院关于印发改革国有资本授权经营体制方案的通知》指出，制定出台出资人代表机构监管权力责任清单，清单以外事项由企业依法自主决策，清单以内事项要大幅减少审批或事前备案，从而实现“三个归位”——将依法由企业自主经营决策的事项归位于企业，将延伸到子企业的管理事项原则上归位于国资投资、运营公司或顶层企业，将配合承担的公共管理职能归位于相关政府部门和单位。

随着国有企业改革的不断深入，为完善国有资产管理体制、深化国有企业改革、迎合市场经济变化、推动国有资本稳健发展，2014年以来，国资委开展了一系列国有资本、运营公司改革试点，在“改组组建方式、投资运营模式、授权范围、作用发挥”等方面开展了初步探索。

这个阶段，国务院国资委受国务院委托，依法对授权的中央企业履行出资人职责，建立了国家所有、分级代表、分级监管的出资人制度，建立了国有资产经营责任制度，建立了有效的企业董事会制度，优化了国有经济布局结构，以管资本为主完善国有资产监管职能。

2019年11月，国资委印发了《国务院国资委关于以管资本为主加快国有资产监管职能转变的实施意见》。该意见指出，要以管资本为主转变国有资产监管职能，要求转变监管理念，从对企业的直接管理转向更加强调基于出资关系的监管；调整监管重点，从关注企业个体发展转向更加注重国有资本整体功能；改进监管方式，从习惯于行政化管理转向更多运用市场化法治化手段；优化监管导向，从关注规模速度转向更加注重提升质量效益。要突出管资本的重要内容，要求加强资本布局整体调控，进一步发挥国有资本功能作用；强化资本运作，进一步提高国有资本运营效率；优化资本收益管理，进一步促进国有资本保值增值；维护国有资本安全，进一步筑牢防止国有资产流失的底线；全面加强党的领导，进一步以高质量党建引领国有企业高质量发展。要优化管资本的方式手段，要求实行清单管理；通过法人治理结构履职；分类授权放权；加强事中事后监管。要强化管资本的支撑保障，要求统一思想认识，凝聚系统共识；加强组织领导，有效落实责任；完善制度体系，强化法治保障；改进工作作风，提升队伍素质。

## 第二节　国有资本运营公司的定位和主要功能

### 一、国有资本运营公司成立的背景介绍

改革开放以来，国有资产管理体制改革稳步推进，国有资产出资人代表制基本建立，保值增值责任初步得到落实，国有资产规模、竞争能力以及利润水平得到大幅提升。随着中国经济进入“新常态”，经济增速不断放缓，投资、需求、出口“三驾马车”缺乏动力，经济结构性失衡问题逐渐显现。在现行的国有资产管理体制中，政企不分、政资不分的问题仍然大量存在，国有资产监管还存在越位、错位、缺位等不良现象。国有资产监督管理机制不健全，国有资产流失严重、违纪违法问题在一些领域和企业表现得尤为突出，国有经济布局结构有待进一步优化，国有资本配置效率不高等问题亟须解决。现代公司金融理论研究表

明，股权结构、公司治理结构与公司绩效存在相关关系。国有资本投资、运营平台的构建将通过打破现有国有企业内外部治理结构，从而对国有企业的经营绩效产生影响。建立国有资本运营公司来运营国有资本，是解决这些国有企业存在问题的最重要手段之一，是实现以管资本为主深化国资管理体制改革的重要途径。

深化国资改革要求实现行政管理职能与产权代表职能的分离，两种不同的职能由两个不同的主体分别行使，尤其是产权代表职能更应强调由市场化的主体来行使。2013 年中共十八届三中全会通过了《中共中央关于全面深化改革若干重大问题的决定》，该决定明确指出，要“完善国有资产管理体制，以管资本为主加强国有资产监管，改革国有资本授权经营体制，组建若干国有资本运营公司”，并首次提出国有资本投资、运营公司的概念，这标志着国资监管由以前的管人、管事、管资产，向以管资本为主的职能转变。2014 年起，国务院国资委先后选择了国投、中粮等 8 家央企开展国有资本投资公司试点，并选择诚通、国新两家央企开展国有资本运营公司试点。国有资本投资、运营公司试点单位围绕“与国资委、出资企业的关系，国有资本专业化运营的路径，内部市场化管理机制”三大问题积极探索，在组织调整、战略管控、业务发展、分类授权等方面取得了一批可复制、可推广的经验。2015 年出台的《关于深化国有企业改革的指导意见》《关于改革和完善国有资产管理体制的若干意见》，明确了推进国资监管机构职能转变、改革国有资本授权经营体制等主要任务。2015 年中央首次提出“供给侧改革”，推动“供给侧改革”成为推动我国经济发展的新思路，从供给侧入手，调整经济结构、实现要素的最优配置、提升要素的生产率。2016 年，李克强总理在全国人大的政府工作报告中，直接将组建国有资本投资、运营公司列为“大力推进国有企业改革”的具体内容。国资改革深化首先要从国资管理机构的职能转变入手，2017 年国务院办公厅转发《国务院国资委以管资本为主推进职能转变方案》，科学界定了国有资产监管机构的权力边界，使其回归出资人身份，表明国资委正式向管资本转型，完善国有资产管理体制工作得到阶段性进展。管资本要求把国资管理尤其是国有资本运营的部分权力交给市场化的主体，构建新的国资管理及国有资本运营体系，建立以管资本为导向的国有资本授权经营体系三级架构，明晰国有资本授权经营体系各组成部分的具体功能，组建若干家国有资本投资运营公司，发挥产权纽带作用，并授权从事国有资本运营，提升国有资本控制力、影响力及带动力，并从决策、激励监督、制衡三方面优化国有企业治理机制。

## 二、国有资本运营公司的定位分析

2015 年 9 月，中共中央、国务院印发的《关于深化国有企业改革的指导意见》中明确提出，国有资产监管机构授权国有资本投资、运营公司对授权范围内的国有资本必须履行出资人职责。作为国有资本市场化运作的专业平台，国有资本运营公司依法独立开展国有资本运作工作，对所出资企业行使股东职责。同年，《关于改革和完善国有资产管理体制的若干意见》进一步阐明，公司运营的目标路径是：公司的改组、组建主要通过划拨现有商业类国有企业的国有股权，以及国有资本经营预算注资组建，主要目标是提高国有资本运营效率、提高国有资本回报，通过价值管理、股权运作、有序进退，促进国有资本合理流动，实现改组后公司的保值和增值。在国务院《关于推进国有资本投资、运营公司改革试点的实施意见》中对国有资本运营公司进行明确定位，该意见指出，改组公司应以提升国有资本运营效率、提高国有资本回报为目标，通过股权运作、基金投资、培育孵化、价值管理、有序进退等方式，以财务性持股为主进行盘活国有资产存量，引导和带动社会资本共同发力，实现国有资本合理流动和公司的保值增值。国有资本运营公司通过以下两个平台发挥其职能。

### （一）国有资本运作专业平台

国有资本运营公司为国家授权下履行国有资本出资人职责的国有独资公司，是国有资本市场化运作的专业平台。公司以产权为基础、以资本为纽带、依法自主开展国有资本运作，实现既定目标。以国有资本运营公司为基础对国有资本在不同行业的配置则可以优化国有资本布局、有效提高效率。首先，消除行政化管理色彩，按照市场化方式，实行专业化管理和运营。其次，国有资本退出或部分退出可以通过出售国有企业的全部或部分股权，使国有企业转变为混合所有制企业。最后，对于希望进入国有企业的行业，则可以通过购买相关企业的股权，实现国有资本的快速进入，或者通过与非国有资本共同出资形成新的混合所有制企业，实现国有资本快速进入某一领域。

### （二）资源优化配置操作平台

以国家战略为导向，综合考虑行业发展趋势，结合国有资本运营公司的资源禀赋，促进各类要素向优势企业集中、向行业龙头集聚，推动企业兼并重组。通过国有资本的流动与重组，盘活存量、提高增量，有效放大国有资本控制力和影响力，发力区域、产业和城乡结构调整，形成规模效应与协同效应。鼓励企业强强联合，引导企业向产业链上下游延伸、向价值链高端环节攀升，培育一批优质的国有资本投资公司和行业龙头企业，在国有资本流动中实现经济、政治、社会资源的优化配置，实现国有资本的形态从低级向高级转变、投向从低效产业向战略新兴产业转移、从一般竞争性行业中退出转而投向公益性政策性导向行业。

## 三、国有资本运营公司承担的主要功能

### （一）资本运营

国有资本运营公司以持有、投资或划入形成的企业股（产）权、资产等为运营对象，建立“价值发现→价值培育→价值提升→价值实

现”价值创造体系。在功能上可定位于纯资本运营，主要承担的核心功能为通过市场化的方式“做优存量”和“引导增量”。在做优存量方面，合理评估业务市场价值和经营风险，可以跨所有制、跨区域甚至跨国界从事国有资本运营，通过并购重组、挂牌转让、股权回购、上市等增减持有股权的方式，加快处置低效、无效资产，实现对存量业务的结构调整，促进上市和非上市公司股权合理流动，在股权进退流转中实现国有资本的布局优化和保值增值，优化国有资本的产业结构和质量效益。在引导增量方面，通过产业基金等资本运作方式，积极探索混合所有制等多种形式，促进国有资本与社会资本合作发展，更多投向关系国家安全、国民经济命脉的重要行业和关键领域以及战略性新兴产业，促进国有资本保值增值。在具体运营上，国有资本运营公司可以通过国有资本的持股、国有股权的减持变现及各种资本运营技巧的运用而追求收益；国有资本运营公司既可以对国有企业持股、增持、减持甚至变现退出，也可以对民营企业及外资企业持股、增持、减持或在获取收益后全部变现退出；待其发展到一定阶段还可以从事跨国投资和跨国资本运营。

### （二）资金放大

资本经营预算及国有资本注入，形成“资金池”。发挥主体评级高、议价能力强、市场形象好等综合优势，构建多渠道、多元化的融资体系，放大国有资本作用，做好国务院及各地方政府、国资委、国有资本运营公司三方面的融资，为推进国有增量资本投入服务。同时发起股权投资基金、中短期融资券、发行企业债券、信托产品、非公开定向债务融资工具、股权质押与退出套现等方式进行融资，充分发挥杠杆效应。同时，设立或联合创建发展投资基金，打造系列化、差异化、协同化的国有企业改革基金，包括资产证券化基金、战略新兴产业基金、创投基金、结构调整基金、并购基金、不良资产处置基金等，充分调动和撬动社会资本，运用“国有资本＋社会资本”模式，全方位支持国有企业改革，提高国有资本配置和运营效率。通过结合金融资本和产业资本融合的乘数效应，实现企业资本的超常规增长，发挥国有经济在加快转型升级核心任务中的骨干地位，增强对战略性产业和创新型企业的支持和引导。

### （三）整合重组

发挥国有资本运营公司投资引导和结构调整作用，承接国有企业整体混合所有制改革或整体上市须剥离的资产，对产业链联系不紧密、价值链关联度不高的企业进行整合重组，以整体出让、破产清算等多种方式进行市场化运作，推动产业集聚、化解过剩产能和转型升级，培育核心竞争力和创新能力，积极参与国际竞争，着力提升国有资本控制力、影响力。驱动企业发展战略更加明晰、资产负债规模更趋合理、主业优势更加突出、经营机制更加灵活、企业治理更加规范、风险管控能力显著增强、创新发展富有成效、国有资本效益明显提高，注重由规模扩张向质量效益提升转变，从以国内经营为主向国内外经营并重转变。

### （四）优化配置

优化国有资本的配置是国有资本运营公司的重要任务。对于国有资本的优化配置，主要分为对存量国有资本的优化配置和对增量国有资本的优化配置两种。存量国有资本的优化配置主要通过重组、兼并、出售等方式完成。国有资本运营公司将持有大量具有类似业务的企业股权，在国有资本投资政策的引导下，整合这些企业并产生新的规模效应。一方面，可以通过企业整合提高企业的运营效率，提高规模效应。另一方面，通过企业整合能提高资本的配置效率，通过企业整合、部分企业的股权出售将在提高原有企业效率的前提下获得更多的投资资金，为再投资筹集资金。对于增量国有资本的优化配置，具体而言包括两种方式：一是通过购买新公司的股权，获取新公司的董事会席位，参与新公司的决策与经营管理，扩大增量资本。购买新公司的股权是国有资本运营公司进行资本配置的重要方式，随着经济和社会的发展，国有资本投资的行业也将不断变化。对于需要国有资本快速进入的行业，可以通过直接购买相关公司股权的方式进入该行业。二是通过与非国有资本合资向目标领域直接投资，成立新的混合所有制公司。

## 第三节　国有资本运营公司的角色分析

### 一、国有资本运营公司与国资委及其他政府部门的关系

国有资本运营公司公司治理中存在企业内部和外部两大类利益相关主体，企业外部的利益相关主体主要是国资委和其他政府部门。国有资本运营公司与国资委等企业外部利益相关主体既有共同目标，又有不同偏好，需要建立内外部利益相关主体共同参与的公司治理结构。国有资本运营公司和国资委间主要存在三层关系：

一是出资关系，国有资本运营公司与国资委以产权纽带进行连接，国有资产管理委员会经过国家授权作为国有资产的受托人，承担着国有资产出资人的管理责任，履行出资人职责，以管资本为导向进行宏观资本配置，对国有资本投资、运营公司进行政策性引导；国有资本运营公司要向政府上缴红利，受国有资本经营预算的约束。

二是授权关系，国有资本运营公司是国有资本委托代理链条中的关键环节，国有资产监管机构作为国有资本运营公司的股东，依照《公司法》参与公司治理和管理，不再用传统管企业的方式来管理，也不再向公司所投资的实体公司延伸管理；国有资本运营公司是国有资本运营的市场化主体，实现政资分开、政企分开，按照市场经济的公平竞争规则，通过市场化运营实现国有资本保值增值。

三是互补关系，国资委和国有资本运营公司都是以管资本为主，但前者更注重宏观层面的布局、运作、回报、安全等维度的政策制定等，后者则更多地从微观、具体的角度，注重资本的具体投向、具体收益

等，即国资委侧重宏观资本配置，国有资本运营公司侧重中微观资本配置和经营决策，而国有企业则主要进行具体经营管理、资产配置等，形成互补关系。

## 二、国有资本运营公司与所出资国有企业的关系

国有资本投资运营公司通过负责多家央企、国企的股权管理，开展产业投资、整合重组等业务，由此形成国有资本投资、运营公司与关联所出资国有企业之间的委托—代理关系。国有资本运营公司以出资人的身份对所出资国有企业或国有公司企业进行产权管理和监督，不再是所出资企业的行政主管部门，或是传统的母子公司关系，而是形成以资产或产权为纽带的新型的投资与被投资的关系。

一是以管资本的方式履行出资人职责。对授权范围内的国有资本履行出资人职责。依照《公司法》和公司章程，通过股东会、董事会行使与股权份额相对应的股东权利，并以所出资金为限承担相应的风险。首先是要管回报，资本的基本属性是逐利，管资本首先要体现追求资本回报。商业性投资、运营公司以商业回报为单一目标，政策性投资、运营公司也要考虑财务指标。其次是要管配置。资本具有流动属性，管资本就是要利用资本的流动属性，提高资本配置效率，将国有资本更多地配置在关系国家安全、国民经济命脉的重要行业和关键领域，配置在能够支持国家战略目标实现的领域。最后是要管股权。以持股比例和出资额为限对投资企业行使相应的经营决策、监督管理的权利及有限职责，向所出资的企业选派国有产权代表，而不直接干预企业的生产经营，与被投资企业保持“一臂之距”，以管资本为主，通过参与所出资企业的公司治理体系设计、管理制度建设等措施，或通过派出董事参与重大议案表决，在所出资企业公司治理层面发挥作用等方式，落实自身的战略意图，通过资本运作，推进转型升级，促进新产业集聚。

二是推动出资企业的股权多元化改革。国有资本运营公司与所出资

国有企业之间以治理管控为主，定位于“积极股东”，对所划入企业进行公司制改造和股权多元化改革。国有资本投资运营公司要发挥投资管理和资本运作的专业能力，积极推动所划入企业的股权多元化改革，使其形成股东相互制衡的股权结构。同时要推动具备条件的企业，通过定向增发、向控股上市公司注资、剥离辅业资产等多种方式，实现整体上市。统筹运用上市公司平台，加大国有控股上市公司的资产整合，加大对同行业企业间的兼并重组力度，将更多优质国有资产注入上市公司，提高国有资本的证券化水平。

三是优化出资企业资源配置。从国有资本运营角度看，国有资本运营公司以相对控股或参股国有企业或国有公司为导向，以提高资本配置效率和资本运营收益为目标，对经营性国有企业进行国有资本配置，实现产业领域与股权比例的优化配置，特别是运用“用脚投票”推动资本增值，提高各出资企业证券化、多元化、市场化水平，以股权运作推进价值管理，实现国有资本的有进有退，促进战略性和收益性的平衡。某些领域的国有企业或国有公司可以实行国有资本的全部退出，国有资本投资运营公司所出资的大多数国有企业要进行产权多元化改革，使其由国有独资企业或国有绝对控股企业发展成为混合所有制企业。国有资本运营公司履行部分出资人职责，不同类别央企和地方的国有资本运营公司目标不相同，具体设置和内部组成也不尽相同。经营性国有企业主要对下属子公司进行微观资本和资产配置，通过整合业务形成专业化或控股板块经营公司，以实现业务模块股权比例和资产的优化配置。

## 三、国有资本运营公司与国有资本投资公司的关系

国有资本授权经营体制的平台是国有资本投资公司和国有资本运营公司，二者都是国家授权经营国有资本的公司制企业，按照责权对应原则切实承担起国有资产保值增值责任。

一是在产业层面，国有资本投资、运营公司基本使命不同，各有侧

重，但在产业发展路径上实现了互补。国有资本投资公司产业功能鲜明，侧重在重要行业和关键领域发挥作用，侧重于增量投资；国有资本运营公司则通过市场运营实现国有资本保值增值，成为国有资本运作和结构调整的市场化主体，在执行国家战略，体现出资人意志，促进国有资本与非国有资本的融合发展，提升国有资本的竞争力与流动性上，与国有资本投资公司具有联动效应。在资本运营中，国有资本运营公司也会培育新兴产业，但培育成熟后有可能出售或转让给相关的国有投资公司。

二是在平台层面，都是国有资本运营平台，国有资本投资公司是以投资融资和项目建设为主，通过投资实业拥有股权；国有资本运营公司则以资本营运为主，不追求对实体产业和实体企业的控制，履职的主要形式是打造相关的平台，主要战场是资本市场，围绕流动性展开，实现不同资本类型在更高层次上的转化。国有资本运营公司通过投资、持股等手段，把固定资产变成可流动的资本；国有资本投资公司通过投资融资、产业培育、资本整合，实现国有资本运营效率的提高与国有资本控制力、影响力及带动力的提升。

三是协同层面，国有资本授权经营体系中，国有资本投资、运营公司既是国有资产监管机构与国有企业的纽带，又是二者间的“隔离带”，它在国有资产监管部门与国有企业间建立一个隔离—传导机制：隔离了政府对国有企业具体经营决策的直接干预和延伸管理，同时也使政府意图间接传导到国有企业并延伸到市场中去，更加谨慎和规范地协调了政府干预与市场间的关系。国有资本投资公司、运营公司发挥国有资本的导向作用，即把国有资本投入国家最急需、社会最短缺的领域，促进国有资本流动，在供给侧结构性改革和国家产业结构调整过程中发挥带头作用；发挥资本运营的作用，带动更多国有资本、社会资本共同服务国家战略，实现国民共进。

# 第二篇

# 实操分析

| 第四章 |

# 国有资本运营管理模式

## 第一节　企业国有产权无偿划转模式

### 一、企业国有产权无偿划转的概念

#### （一）定义

根据《企业国有产权无偿划转管理暂行办法》和《企业国有产权无偿划转工作指引》等有关规定，国有资产无偿划转是指企业国有产权在政府机构、事业单位、国有独资企业、国有独资公司，以及前述单位投资设立的一人有限公司及其再投资设立的一人有限公司之间的无偿划转。

国有企业特别是中央企业集团在进行改革重组过程中，经常会出现企业国有产权的无偿划转。无偿划转虽然也表现为一种经济行为，但毕竟不同于正常交易的产权转让行为，更多地体现着国有资产监管部门、行政主管部门或出资人的行政意志。作为一种特殊的企业资源整合方式，企业国有产权无偿划转对于在国有企业内部或国有企业集团之间进行相关资源整合、改革公司组织架构、优化国有企业布局结构调整和提升经营发展质量方面发挥着相当重要和积极的作用。

#### （二）原则

根据《企业国有产权无偿划转管理暂行办法》相关规定，企业国有产权无偿划转应当遵循以下原则：

①符合国家有关法律法规和产业政策的规定；

②符合国有经济布局和结构调整的需要；

③有利于优化产业结构和提高企业核心竞争力；

④划转双方协商一致。

## 二、企业国有产权无偿划转的主要特点

### （一）无偿划转没有对价产生

无偿划转是一种特殊的非典型的国有产权流转和交易方式，通常根据行政指令在不同的国有产权持有主体之间无对价完成转移，而不是采取市场化交易方式完成，因此没有相应对价。

### （二）无偿划转不需要进场交易

《企业国有资产法》规定，除按照国家有关规定可直接协议转让的以外，国有资产转让应当在依法设立的产权交易场所公开进行。无偿划转中的产权转移并没有相应的对价产生，只是在国有产权特定的持有主体之间转让，不存在因交易价格不合理而可能造成国有资产损失的情况。因此，经过履行规范程序并经法定有权部门批准的企业国有产权的无偿划转，不需要履行进场交易这一程序，在一定程度上提高了交易效率，降低了相应的时间和资金成本。

### （三）无偿划转不可由企业自行决定

《企业国有产权无偿划转管理暂行办法》明确规定：企业国有产权在同一国资监管机构所出资企业之间无偿划转的，由所出资企业共同报国资监管机构批准；企业国有产权在不同国资监管机构所出资企业之间无偿划转的，依据划转双方的产权归属关系，由所出资企业分别报同级国资监管机构批准；实施政企分开的企业，其国有产权无偿划转所出资

企业或其子企业持有的，由同级国资监管机构和主管部门分别批准；下级政府国资监管机构所出资企业国有产权无偿划转上级政府国资监管机构所出资企业或其子企业持有的，由下级政府和上级政府国资监管机构分别批准；企业国有产权在所出资企业内部无偿划转的，由所出资企业批准并抄报同级国资监管机构。因此，无偿划转只能且必须是由出资人或行政主管部门批准的行为，企业不能自行决定。

### （四）无偿划转能较好维护相关者利益

《企业国有产权无偿划转管理暂行办法》明确规定，国有产权划出方应当就无偿划转事项通知本企业或本单位的债权人，并制订相应的债务处置方案；涉及职工安置等事项的，应当经过被划转企业职工代表大会或职工大会讨论通过。因此，无偿划转对于企业保持平稳运行、维系债权人和职工等相关者利益，具有积极意义，也可以最大限度地维护社会、企业和职工稳定，避免发生经济纠纷。

## 三、国有产权无偿划转相关法律问题

### （一）国有产权无偿划转参与主体

1. 纯国有产权单位是无偿划转的主体

据《企业国有产权无偿划转管理暂行办法》第二条规定，企业国有产权的无偿划转只能在政府机构、事业单位、国有独资企业、国有独资公司之间进行，国有控股企业及其他含有非国有成分的企业之间不能进行无偿划转。国有独资公司作为划入或划出一方的，应当符合《中华人民共和国公司法》的有关规定。

2. 国有全资企业可有条件成为国有资产无偿划转的主体

根据《关于促进企业国有产权流转有关事项的通知》（国资发产权〔2014〕95 号）第三条规定，国有全资企业之间或国有全资企业与国有独资企业、国有独资公司之间，经双方全体股东一致同意，其所持股权可以实施无偿划转。具体程序按照《上市公司国有股权监督管理办法》《企业国有产权无偿划转管理暂行办法》的规定办理。即在双方全体股东一致同意的条件下，国有全资企业可以成为国有资产无偿划转的主体。

### （二）国有产权无偿划转的一般程序

根据《企业国有产权无偿划转管理暂行办法》，参照《企业国有产权无偿划转工作指引》，企业国有产权无偿划转的主要程序包括以下 7 个步骤。

1. 无偿划转可行性研究

企业国有产权无偿划转应当做好可行性研究。可行性论证报告一般应当载明下列内容：

①被划转企业所处行业情况及国家有关法律法规、产业政策规定；

②被划转企业主业情况及与划入、划出方企业主业和发展规划的关系；

③被划转企业的财务状况及或有负债情况；

④被划转企业的人员情况；

⑤划入方对被划转企业的重组方案，包括投入计划、资金来源、效益预测及风险对策等；

⑥其他需说明的情况。

2. 企业内部审议决策，形成书面决议

划转双方应当在可行性研究的基础上，按照内部决策程序进行审议，并形成书面决议。

①划入方（划出方）为国有独资企业的，应当由总经理办公会议审议；已设立董事会的，由董事会审议。

②划入方（划出方）为国有独资公司的，应当由董事会审议；尚

未设立董事会的，由总经理办公会议审议。

③所涉及的职工分流安置事项，应当经被划转企业职工代表大会审议通过。

3. 划出方通知债权人，制订债务处置方案

划出方应当就无偿划转事项通知本企业（单位）债权人，并制订相应的债务处置方案。

4. 被划转企业开展审计或清产核资

划转双方应当组织被划转企业按照有关规定开展审计或清产核资，以中介机构出具的审计报告或经划出方国资监管机构批准的清产核资结果作为企业国有产权无偿划转的依据。

5. 签订企业国有产权无偿划转协议

划转双方协商一致后，应当签订企业国有产权无偿划转协议。划转协议应当包括下列主要内容：

①划转双方的名称与住所；

②被划转企业的基本情况；

③被划转企业国有产权数额及划转基准日；

④被划转企业涉及的职工分流安置方案；

⑤被划转企业涉及的债权、债务（包括拖欠职工债务）以及或有负债的处理方案；

⑥划转双方的违约责任；

⑦纠纷的解决方式；

⑧协议生效条件；

⑨划转双方认为必要的其他条款。

6. 上报国资监管机构批准

①企业国有产权在同一国资监管机构所出资企业之间无偿划转的，由所出资企业共同报国资监管机构批准。

②企业国有产权在不同国资监管机构所出资企业之间无偿划转的，依据划转双方的产权归属关系，由所出资企业分别报同级国资监管机构批准。

③实施政企分开的企业，其国有产权无偿划转所出资企业或其子企业持有的，由同级国资监管机构和主管部门分别批准。

④下级政府国资监管机构所出资企业国有产权无偿划转上级政府国资监管机构所出资企业或其子企业持有的，由下级政府和上级政府国资监管机构分别批准。

⑤企业国有产权在所出资企业内部无偿划转的，由所出资企业批准并抄报同级国资监管机构。

7. 进行账务调整，办理产权登记等手续

划转双方应当依据相关批复文件及划转协议，进行账务调整，按规定办理产权登记等手续。

### （三）国有产权无偿划转的特殊程序

下列无偿划转事项具有特殊性，无须经过上述一般程序的第①~④步骤，而是依据中介机构出具的被划转企业上一年度（或最近一次）的审计报告或经国资监管机构批准的清产核资结果，直接进行账务调整，并按规定办理产权登记等手续。

①由政府决定的所出资企业国有产权无偿划转本级国资监管机构其他所出资企业的；

②由上级政府决定的所出资企业国有产权在上、下级政府国资监管机构之间的无偿划转；

③由划入、划出方政府决定的所出资企业国有产权在互不隶属的政府的国资监管机构之间的无偿划转；

④由政府决定的实施政企分开的企业，其国有产权无偿划转国资监管机构持有的；

⑤其他由政府或国资监管机构根据国有经济布局、结构调整和重组需要决定的无偿划转事项。

## 第二节　国有企业委托管理经营模式

### 一、国有企业委托管理经营的概念

#### （一）定义

企业托管经营，是指企业的资产所有者或其代表，通过托管协议或行政指令等方式，在一定时期内将企业法人财产权的整体或部分让渡给其他企业法人等受托方经营管理和处分的行为。通过托管经营，形成了所有者、受托方和被托管企业三者之间的利益平衡和制约关系。由于托管这一方式能够在不改变或暂时不改变原有产权归属的前提下，直接开展企业资产的重组和流动，从而有效地回避了企业破产、购并中的某些敏感性问题和操作难点，是现有条件下推进国有企业改革的有效模式之一。

企业托管经营包括三个方面的含义：一是不改变所有者对资产的所有权，而只是将包括经营权在内的法人财产权让渡给受托经营者，由受托经营者以产权资本从事经营管理；二是以契约的形式确定了委托者、受托者和被托者三者之间在一定的期间内的利益和法律关系；三是受托者通过其经营管理的投入，实现以产权资本增值为目标的有偿经营。

因此，企业托管经营的实质是将企业的资产所有权与包括经营权在内的法人财产权相分离，通过托管经营把企业置身于市场经济洪流中，通过市场对企业的各种经济及生产要素进行优化组合，提高企业产权资本经营的效益。

实践中，托管经营分为行政性托管和商业性托管两种。行政性托管是企业出资人或其代表通过行政指令方式将被托管企业交由另一出资企业管理经营的行为，体现的是出资人的意志和要求。商业性托管是委托方和受托方经平等协商，通过协议的方式将被托管企业交由受托方经营管理的行为，体现的是双方的共同意愿。

企业托管经营是企业产权资本经营管理的一种形式，是国有困难企业重组脱困的重要过渡方式之一，也是盘活国有存量资产的重要手段。在托管期内，受托方可以把先进的经营管理机制和理念、方法，一定的流动资金，较专业的管理团队以及良好的品牌和商誉等引入被托管企业，从而有效降低被托管企业的经营风险、减少经营损失、提高经营管理效能等目标，确保企业资产的保值增值。

### （二）原则

1. 明确各方职能，合规经营、有序发展

国有资产监管部门主要履行管资产或管资本的职责，行使国有资产出资人权力；受托管理部门主要履行“管人、管事”等职责，承担相应的国有资产保值增值责任。两者通过明确分工、明晰责任，确保委托管理企业合规经营、有序发展。

2. 优化配置资源，促进国有资产保值增值

通过企业国有资产委托管理可以推动资源优化配置，实现国有资产监管全覆盖，促进国有资产更好地保值增值。

3. 坚持金融资本和产业资本相结合

国有企业的亏损和危困与以往政府投资行为有很大关系，因为很多国有企业缺乏投资意识和投资经验，往往陷于不良资产的泥淖中难以自拔。所以，托管公司在接受被托管企业时，不仅要清理不良资产，同时要挖掘现有资产的金融开发价值，合理运用信贷资金，使企业摆脱不良债务从而彻底解困。

## 二、国有企业委托管理经营的主要特点

托管经营的实质是分离受托企业的所有权与经营权，由受托方通过一定的方式，对其现有生产要素进行优化重组整合并适当引入管理、技术和资金等，以提高受托企业的资本运营效益。其主要特点包括以下几方面。

### （一）委托管理可有效回避一些敏感问题或难点

委托管理的前提是不改变受托企业的产权归属，由受托方按照协议对企业及资产进行管理，此举能有效回避被托管企业可能面临的重组、破产等困境。通过托管，可以使被托管企业快速“止血”，较好地解决被托管企业内部人控制问题，扭转管理失控现象，重塑经营秩序，使企业迅速摆脱危机。与此同时，通过托管经营，可以在委托方和被托管企业之间构筑“防火墙”，隔离因拖欠职工薪资、经营债务纠纷、离退休人员保障等大量历史遗留问题无法有效解决而形成的不稳定因素，形成缓冲，维护企业和社会稳定，化解风险。

### （二）委托管理经营较为便捷和经济

由于委托管理是委托方和受托方协商一致的结果，即使是行政性托管也需要签订委托管理协议，因此，不需要经过特定的法律审批程序，也不涉及相应债权债务关系、劳动关系等的调整，不用经过受托企业职工大会或职工代表大会审议，在操作上比较简便快捷，时间成本低。另外，委托管理经营一般不需要受托方提供大量资金进行交易。在签订协议后，受托方可以采取有效措施，快速遏制被托管企业经营状况的恶化，避免造成更大的损失。

### （三）委托管理经营是提升重组整合效能的有效途径

委托管理经营作为企业重组整合的过渡形式，有利于受托企业较为

客观、全面、准确地掌握被托管企业的真实情况，为寻找更有效的重组方式奠定基础。在委托管理期内，通过发挥受托方专业的经营管理运作优势，可以有效地盘活被托管企业存量资产、化解金融债务，并通过在更大范围内匹配和嫁接有效资源，加快推动被托管企业的重组脱困进程，既化解了困难企业的经营管理危机，又维护了多方利益平衡，从而实现国有经济布局优化和结构调整。

### （四）委托管理经营的效用相对有限

委托管理经营是一项阶段性措施，托管期限一般来讲不超过 3 年。在托管期限内，受托方在委托方让渡的权限范围内行使相应权利，核心目的是达到约定的托管目标，如果委托管理经营目标一旦实现，或者有事实充分表明目标已经无法实现，委托管理就应结束，因为委托管理经营不可能解决被托管企业所有问题。另外，委托管理经营仅在委托方、受托方和被托管企业三者之间达成的协议内发生法律效力，一般不具有对抗受托企业债权人、债务人等的效力。

## 三、委托管理模式的相关法律问题

企业委托管理经营中，处理好各方之间的法律关系，是托管模式的核心问题，也是需要关注的法律问题。企业委托管理以契约或行政指令的方式确立后，在托管方与受托方之间形成托管法律关系，委托方、托管方以及被托管企业三方因此享有一定的权利和义务。

### （一）委托方的权利和义务

1. 委托方的主要权利

①托管行为的决定权和签约权。委托方有权选择受托方，有权决定是否签订托管协议。

②按照托管协议的约定收取托管经营收益。这是托管经营中委托方享有的一项主要权利，因为托管经营并没有改变企业的所有权主体，因

此委托方有权对被托管企业的经济收益进行再分配。

③对受托方的经营状况进行考察。委托方有权就受托方对被托管企业的经营状况进行考察，以保证被托管企业的正当经营。

④在受托方提供担保的情况下，委托方可以对抵押物的权属等问题进行核查。

⑤当受托方未能按照托管协议的约定完成托管任务时，委托方可以处分受托方提供的担保物或者要求受托方给予赔偿。

2. 委托方的主要义务

①按照托管协议的约定向受托方支付报酬。当受托方按照托管协议的约定完成托管任务时，受托方有权获得报酬。

②指示的义务。托管行为通常需要委托方给予受托方明确的指示，当受托方要求委托方给予指示时，委托方应当及时进行指示，否则因此给被托管企业造成损失的，不得要求受托方赔偿。

③配合受托方进行托管经营的义务。委托方应当及时地向受托方提供有关的资料等文件，不得随意非法干预受托方的经营。

### （二）受托方的权利和义务

1. 受托方的主要权利

①使用、支配被托管企业的资产。由于受托方在托管法律关系中是被托管企业财产的实际占有者，根据托管协议的本质，受托方有权对企业财产进行使用和支配，但是，这种使用和支配应当以被托管企业的正当经营为目的。

②决定被托管企业的一些基本经营政策、方针。受托方可以根据实际需要，自行决定被托管企业的机构设置，按照国家有关政策规定自行决定被托管企业的劳动用工制度、工资奖金制度；自行决定和实施企业的生产经营和管理。

③获得报酬的权利。

2. 受托方的主要义务

①保管被托管企业财产的安全，保障被托管企业的合法权益不受侵犯。由于被托管企业实际上受托方占有和支配，应当由受托方承担保管义务。受托方未尽合理注意义务而给被托管企业财产造成损失的，受托方应当承担赔偿责任。

②积极完成托管任务的义务。受托方应当根据托管协议的约定和诚实信用的原则，对被托管企业进行托管经营，不得实施有损于被托管企业的行为。受托方应当按时向委托方提供被托管企业的资产负债表、损益表、收益分配表、财务状况变动表等报表，年终决算表应当经过会计师事务所审核验证。

**（三）被托管企业的权利和义务**

被托管企业在托管法律关系中并不是完全的客体，被托管企业也可以享有一些权利和承担一定的义务。

被托管企业的权利主要有：

①企业职工依法享有法律规定和劳动合同约定的权利，例如劳动报酬、养老保险以及其他社会保障权利。

②可以要求受托方说明企业发展和产品结构调整等方面的重大决策内容。

此外，被托管的企业也要依法承担相应的义务。

## 第三节　接收上市公司股权管理模式

### 一、接收上市公司股权的概念

接收上市公司股权，即以股权投资的形式成为上市公司股东。根据是否对上市公司形成控制，可以分为控股上市公司和参股上市公司；根据股权的接收方式不同，可以分为无偿划转管理模式和有偿受让纾困模式，如图 4 – 1 所示。

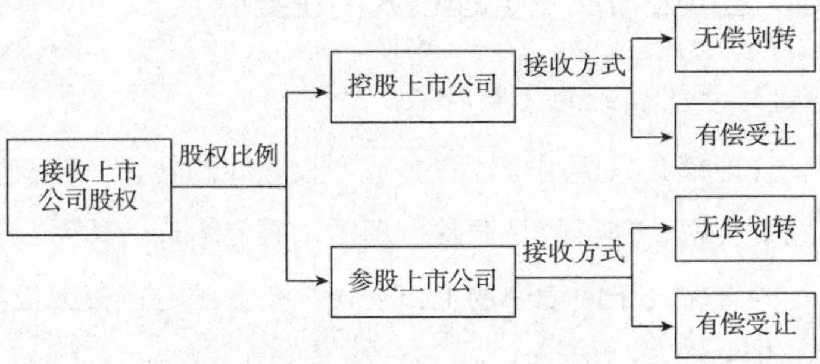


**图 4 – 1　接收上市公司股权分类**

资料来源：笔者整理绘制。

无偿划转管理模式是指中央企业或地方国有企业通过接收国务院国资委无偿划转的中央企业所属上市公司部分股权或地方国资委无偿划转的地方国有企业所属上市公司股权，依托市场化、专业化的股权运营管理，通过股权运作、价值管理、进退流转等方式，促进国有资本合理流动，有效提高国有资本配置和运营效率。该模式受让的上市公司股权以参股为主，主要目的是财务投资，通过多渠道、多方式、专业化地开展股权运作运营管理国有资本，实现国有资本保值增值。

有偿受让纾困模式是指国有企业为驰援民营上市公司，采取受让民营企业上市公司股份或其上市公司股东股份的方式，为民营企业提供资金支持，缓解流动性困难。该模式受让的上市公司股权以获取控制权为目的：一方面为缓解民营上市公司资金需求，减少上市公司破产退市带来的市场动荡；另一方面，国有企业借助上市公司平台，将国有资产证券化，多渠道、多方式、专业化地开展股权运作，放大国有资本功能，实现国有资本合理流动和保值增值。

## 二、接收上市公司股权管理模式的主要特点

### 1. 无偿划转管理模式的主要特点

无偿划转管理模式只适用于国有企业产权之间的转让，股权受让方一定为国有独资公司，其目的是调整、理顺国有资本运营体系，借助优势公司管理经验重振处于困境中的上市公司。企业国有产权无偿划转管理模式有以下几个特点：

一是无偿划转管理模式具有极强的行政色彩。企业国有产权无偿划转是由中央政府或者地方政府主导的行为，而不是企业之间的经济利益导向行为。一般是由国务院国资委或者省市级人民政府国资委通过行政批准决定，将处于经营困难阶段的上市公司的国有股权无偿划转给其他国有独资公司，通过引入新的运营管理模式和经验，为上市公司的持续发展注入活力。

二是无偿划转管理模式交易成本低，简便易行。无偿划转管理模式在交易过程中由于是政府主导，几乎没有阻力，交易过程不需要支付交易对价，股权收购成本几乎为零。整个过程只需要国务院国资委或地方国资委审批，相比协议收购或其他市场化收购行为更简便易行，几乎没有收购失败的可能性，也不占用收购方的资金，有利于更好地发挥上市公司的融资功能及区域产业调整。

三是无偿划转的标的只能是划出方的国有股权。无偿划转的方式只适用于国有股权，非国有股权的转让不能运用无偿划转的模式。且国有股权的受让方应该为国有独资公司或国有全资公司，只有保证不存在国有资产流失的前提下，才可以进行国有产权的无偿划转。

### 2. 有偿受让纾困模式的主要特点

国有企业有偿受让纾困模式是近几年我国民营企业发展普遍遇到流动性问题所产生的新现象，国有企业通过接收上市公司股权或者上市公

司股东的股权的方式，救助民营上市公司，且国有企业可通过较低的成本获得上市公司控制权，为国有企业混合所有制改革探索新路径。国有企业有偿受让纾困模式有以下几个特点：

一是国有企业成为上市公司控股股东。在有偿受让纾困模式下，国有企业只有获取上市公司控制权才能合法合规地为上市公司注入流动性资金，民营企业也才能借助国有企业股东背景增强融资能力，有效达到救助的目的。

二是受让股权有交易对价。有偿受让民营企业股权或其控股股东股权需要支付交易对价，要在公平公正的原则下采取市场化定价方法，协商确定交易对价。

三是有偿受让纾困模式具有一定社会效应。有偿受让纾困模式既要考虑收购的经济效应，还要考虑一定的社会效应。被救助的上市公司一般在当地承担了一定社会责任，且上市公司的经营业绩对股票市场、当地就业具有较大影响。

## 第四节　借助基金投资手段管理模式

### 一、借助基金投资手段的概念

借助基金投资，是指企业运用成立的基金投资标的资产或公司股权，再通过上市公司发行股份购买标的资产、首发上市、份额转让、企业回购等多种方式退出。借助基金投资手段管理国有资本的主体为中央企业或地方国有企业，基于其强大的资金实力和市场化运作能力，可以为国有资本运营管理提供多种退出渠道。根据国有资本运营公司股权退出方式分为上市退出模式和现金退出模式；其中，上市退出模式又根据是否控股上市公司分为借助基金控股上市公司模式和借助基金参股上市公司模式。

借助基金控股上市公司模式是指国有企业通过旗下基金或新设基金

持有上市公司控股股东的股权，并成为上市公司控股股东的第一大股东，从而间接控制上市公司的模式。

借助基金参股上市公司模式是指国有企业通过旗下基金或新设基金持有上市公司的股权或者上市公司股东的股权，但不控制上市公司，而是作为财务投资人的角色参股上市公司的模式。

现金退出模式是指国有企业通过旗下或新设基金投资标的公司，再通过份额转让或标的公司回购股权的方式退出的模式（见图4-2）。

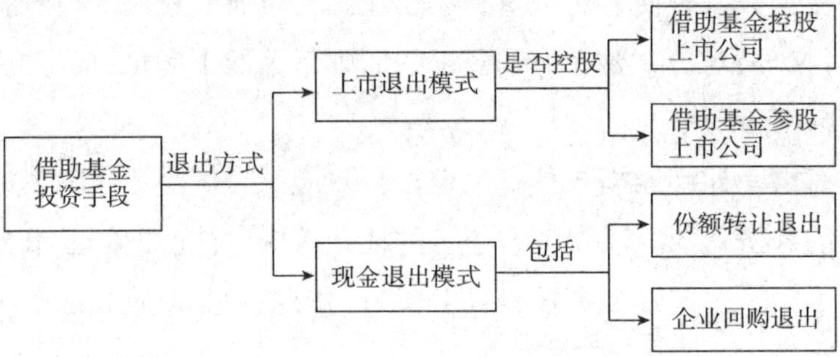


**图4-2　借助基金投资手段**

资料来源：笔者整理绘制。

## 二、借助基金投资手段管理模式的主要特点

1. 借助基金控股上市公司模式的主要特点

借助基金投资手段控股上市公司的模式是国有企业为了获得上市公司的控制权，但又希望引入其他财务投资人所采用的模式。其主要特点有以下几个方面：

一是国有企业旗下基金控股上市公司。国有企业通过已有合伙企业基金或者新设合伙企业基金的模式投资上市公司控股股东或协议受让上市公司的股权、表决权从而获得上市公司的控制权，其收购的目的是成为上市公司的实际控制人，对上市公司进行重组整合。

二是杠杆收购上市公司股权或上市公司控股股东的股权。采用基金的模式是为了引入其他投资人，从而可以减少收购的资本金占用，通过杠杆收购的模式既可以为上市公司引入更多样化的股权结构，又可以降低国有企业的国有资本压力，从而放大国有资本运营管理效益。

三是基金投资的目的是长期战略持有。借助基金控股上市公司的模式是为了长期持有而不是短期获利退出，其一般是出于战略整合的考虑，通过借助上市公司平台将国有企业某项业务做大做强，通过运用多样化的股权运作手段为国有资产增值保驾护航。

2. 借助基金参股上市公司模式的主要特点

借助基金投资手段参股上市公司的模式是国有资本运营公司经常采用的另一种股权运作模式，主要是出于运营管理国有资本的考虑，为了增加国有资本的合理流动和保值增值。其主要特点有以下几个方面：

一是国有企业旗下基金参股上市公司。国有企业通过已有合伙企业基金或者新设合伙企业基金的模式收购上市公司股东少数股权或投资上市公司拟收购标的资产从而成为上市公司的参股股东，其投资行为不改变上市公司的实际控制权，投资的结果是成为上市公司第一大股东之外的其他股东。

二是杠杆收购上市公司少数股权或投资上市公司拟收购的标的资产。国有资本运营公司借助基金投资手段引入其他投资人杠杆收购上市公司少数股权，从而成为上市公司参股股东或杠杆投资上市公司拟收购的标的资产，再通过上市公司发行股份购买资产的“两步走”模式成为上市公司的参股股东。

三是基金投资的目的是短期持有获利。借助基金投资手段参股上市公司的模式具有短期持有的特点，在成为上市公司参股股东之后，不参与上市公司的经营管理，仅仅以财务投资人的角色出现，是因为看好上市公司的升值空间而做出的财务投资，其目的是实现国有资本增值，最终获利退出。

### 3. 现金退出模式的主要特点

现金退出模式是国有资本运营公司采取的被动管理模式，一般出现在投资基金无法实现上市退出的情况下，进而采取份额转让或者被投资企业协议收购的方式退出。这种模式的主要特点有以下几点：

一是约定的上市退出模式无法实现。现金退出模式是当基金投资协议约定的上市行为无法实现时，国有资本运营基金为保障国有资本利益而选择的退出模式。

二是一般以“保障条款”的形式出现。国有资本运营基金的基金投资协议中一般会约定“保障条款”，当既定的退出方式无法正常退出或者被投资企业存在某些主观因素导致退出失败的，将以其他形式保障国有资本的退出。

三是能否成功退出存在一定的不确定性。由于该种模式已经偏离约定的退出途径，因此，在未来的退出过程中能否按计划成功退出存在一定不确定性。

| 第五章 |

# 国有资本运营管理效益的提升思路

全面提升国有资本运营管理效益，在国资国企改革实践中需要解决的问题很多，其中，最根本的是要解决国有资本运营管理效益提升的动力和活力问题，有动力、有活力，才有效率、有效益。国资国企快速发展、质量效率效益提升的关键动力靠什么？国资国企高效利用、参与资源配置，产生高质量、高效率、高效益的系统内的发展活力靠什么？从研究视角来看，有全球视角、周期视角和转型视角；从维度来看，有管理维度和技术维度；从工具来看，有“立法”“政策”“授权”“市场化”“党建”“企业家”等六种工具。本章将通过六种工具来探讨国有资本运营管理效益的提升思路，以期对方兴未艾的国有资本运营管理实操有所启发。

## 第一节　以立法形式明确法律定位

### 一、中国现代经济体系的重大创举

在我国国民经济体系中，国资国企数量众多。长期以来，国资国企管理的主要手段是行政方式和政策治理，其制度性缺漏较多，行政性决策的随意性较强，管理体制不完善。特别是当前正处于社会经济转型期，各种侵吞、侵害国有资产及其权益的事件屡有发生，存在国有资产流失风险。这与我国经济快速发展的客观现实与依法治国的迫切需要极不相符。

国有资本运营公司，作为解决国有资本保值增值的国家政策工具之一，需要国家以立法的形式对其法律定位予以明确，有效保障国有资本运营管理实操的规范运行。国有资本运营公司在市场化企业①和政府之间起到转化、整合、重构的作用，从而把政府功能及资源转化为市场化企业可以参与资本运作的资产与商机。②

国有资本运营公司这一政策工具是经济领域的重大政策和理论创新，是中国现代经济体系的重大创新。国有资本运营公司把政府拥有的政策制定、规划及实施，政府功能打造、公权力运作、资源配置、经济社会建设、公共产品运作、区域服务与保障功能等资源与权力，通过国有资本运营公司这一政策工具独特功能的发挥，转化成可以流动、配置、交易和经营的资产。③

从法律上来看，经济法、企业法、公司法规范和约束了国有资本运营公司的运行，也为以立法形式明确国有资本运营公司的法律定位奠定了法律法规基础。

## 二、用立法形式巩固改革成果

改革开放40多年来，国资国企改革先后经历了放权让利、承包经营、转换企业经营机制、建立现代企业制度、国有经济结构和布局调整等改革发展阶段。特别是1993年《公司法》的颁布为国资国企成为真正意义上的微观市场主体提供了法律依据，国资国企的市场合法性地位得以确立。《公司法》2006年修订后正式实施，国资国企的法律定位转变为具有现代意义上的经济与社会功能兼具的复合型组织。国家先后制

① 含功能性企业和公益性企业。

②③ 上海华彩管理咨询．国有金融资本管理背后的改革——财政系统、国资系统、两类公司改革再出发！[EB/OL].(2018-09-30)[2019-04-19]. http://3g.163.com/dy/article/DSQ17NRB0519V768.html.

定颁发了《企业国有资产法》《全民所有制工业企业法》《公司法》等法律法规。尽管法律门类为数不少，然而，上述立法成果尚未对国有资本运营公司进行法律规范。因此，需要以立法形式巩固国有资本运营公司的改革成果。

### （一）以习近平新时代中国特色社会主义思想为指导

在习近平新时代中国特色社会主义思想体系里，关于改革与法治、市场经济与法治环境、法治经济与法治社会等重要论述、重大判断，为以立法形式明确国有资本运营公司的法律定位提供了重要指导。[①] 在全面深化国资国企改革过程中，要推动实践创新和理论创新，推进国有资本运营公司法的立法工作。

### （二）正确认知国有资本运营公司的法律属性

国有资本运营公司的法律属性为“国有独资公司”“在国家授权范围内履行国有资本出资人职责”。适用于国有资本运营公司的法律，既要有公司法的规制，也要有特殊的政策要求。[②] 这为以立法形式明确国有资本运营公司的法律定位指明了方向。在法理学意义上，“国有资本运营公司法”是组织法，兼有行为法的特征；是任意法，兼有强行法的特征；是实体法，兼有程序法的特征；是国内法，同时具有国际性。

### （三）解决好国资国企的分类规范问题

在立法实践中，国资国企的分类规范问题是研究探讨国有资本运营公司法律定位的基础性工作。国外国资国企一般性分类有：构成普通行

① 程信和．经济法通则原论［J］．地方立法研究，2019（1）：54－129.

② 文丰律师，文丰研究．国有资本投资、运营公司法律解构［EB/OL］．（2018－10－29）［2019－04－19］．http：//www. sohu. com/a/271930556_787033.

政机构的一部分①；公法人②；政府控制的商业公司③④。我们要借鉴国外国资国企的分类规范形式，对具有特殊性质的国资国企单独立法。⑤国有资本运营公司作为特殊的国资国企形态，有必要通过单独立法的形式明确其法律定位。

"一对一"立法较能体现国资国企的特殊功能，与政府经济政策结合紧密，实际是从公共事业的角度立法。市场经济国家对国资国企专门立法，是将国资国企定位于特殊企业的基础上，统一界定和规范该类企业的权利义务以及与政府的关系。⑥我国国资国企本身不是一种单一的企业法律形式，而是包括一般企业法律形式和特殊企业法律形式。由于我国目前特殊国资国企数目较多，分别立法成本过高，因此，有学者建议制定统一的"公共企业法"⑦，并与规范不同公共领域的单项立法、国有资产管理法等配合，共同调整特殊国资国企的问题。⑧

我们认为，由于国有资本运营公司的特殊重要性，可以对国有资本运营公司这种特殊国资国企运营形态进行单独立法，规定国有资本运营公司的政策目标、设立、组织机构、权利义务、监督管理和法律责任等，规范这类企业与政府的关系，明确企业享有的权利和应该承担的义务，科学设置企业内部机构，并与经济法、企业法、公司法和企业国有资产法相结合，形成高效的法律保障体系。

---

① 由部门控制的、没有独立人格的企业。

② 根据法律或规章设立的、具有法人地位的公共机构。

③ 在形式上与任何其他商业公司没有区别。

④ 其中，第一类已逐渐减少。参见〔德〕沃尔夫·弗里德曼：《各国公有企业的法律形式》，选译自《国际比较法百科全书》第13卷第13章"政府（公有）企业"，《法学译丛》1991年第1期。

⑤ 国有独资企业的形式目前较复杂，既有属于国家垄断经营领域的，也有因各种原因尚未纳入公司制改革的，或虽改为公司制但不应采用国有独资形式的。对于后两种应在改革的基础上分别规范。

⑥ 王红一. 我国国有企业的政策定位与若干立法问题探析[J]. 河北法学，2002，20(2)：34－38.

⑦ 鉴于国有企业有不同形式，用"国有企业法"一词易造成误解。另外，公共企业法也调整从事公共事业的其他种类的企业，中山大学法律学系王红一2001年建议使用与企业功能相联系的"公共企业法"一词。

⑧ 王红一. 我国国有企业的政策定位与若干立法问题探析[J]. 河北法学，2002，20(2)：34－38.

### （四）国有资本运营公司法与企业法、公司法的关系

随着国资国企改革的持续深入，基于《国务院关于推进国有资本投资、运营公司改革试点的实施意见》（国发〔2018〕23 号）、《国务院关于印发改革国有资本授权经营体制方案的通知》（国发〔2019〕9 号），可以考虑制定“国有资本运营公司法”。通过立法理顺政府、国有资本运营公司和国有企业的关系，平衡经济法、公司法、企业法、企业国有资产法和国有资本运营公司法等各类法之间的关系。在法律体系中，我国的国有资本运营公司立法既要有自己的原则和特点，又不能与世界各国的公司法格格不入，要能够适应“一带一路”倡议和构建人类命运共同体的法律需要。制定“国有资本运营公司法”，是要完善以国有资本运营公司为主体的企业法律制度。相关法律制度的编制要符合国际惯例，并且要注重经济法、企业法、公司法和企业国有资产法体系内部的和谐，妥善处理“国有资本运营公司法”与不同所有制企业法之间的关系。[①] 明确规范国有资本运营公司的治理结构、经营、监督、法律责任制度，并与《宪法》《民法通则》等法律做好自然衔接。

### （五）研究建立统一的国有资本出资人制度

按照“1 + N”的思路，制定出台“国有资本运营公司法”，研究建立统一的国有资本出资人制度，明确出资人的权利、义务和责任，出台优化国有资本管理的一系列配套制度。在法律中明确国资监管机构、国有资本运营公司向全国人大常委会报告国有资本管理情况的权利、义务和职责，进一步明确国资监管机构、国有资本运营公司对总体资产负债、国有资本投向布局和风险控制、国企改革、国资监管、国有资产处置和收益分配、境外投资形成的资产、企业高级管理人员薪酬等的责任、权利和义务。

---

① 万其刚，苏东，黄成．当代中国的企业立法[J]．当代中国史研究，1999(3)：95－103.

## 三、厘清需要调整的法律关系

国有资本运营公司是在党的十八届三中全会报告中提及的国资国企管理的重要内容，国有资本运营公司是国资国企监管从“国资委—国有企业”二元结构到“国资委—平台公司—国有企业”三元结构蜕变的中间环节，是连接政府与市场的桥梁。制定“国有资本运营公司法”主要是为了厘清国有资本运营公司与国资委和出资企业之间的关系，以及国有资本运营公司自身结构建设问题。

厘清需要调整的法律关系，需要明确“管资产”和“管资本”的内涵。“管资产”和“管资本”根本上是管理思维的变革，区别是授权与管理界面设定不同，对企业考核的指标和内容不同。“管资本”，实际上是一种更加宏观意义上的对经济的控制力。张屹山、赵立文、刘玉红、高丽媛认为，国有企业的关键问题不在于所有制形式，而在于企业的运作机制有没有按市场规则行事，在于政府的管理方式和方法。[①]“管资产”向“管资本”转变，就是要把政府的企业变成市场的企业。“管资产”，是管住资产，保持现状不变化；“管资本”，是保证国资国企保值增值，企业效益效率向好，国民经济发展形势趋好。王仲兵认为，“管资本”的法律逻辑本质上是从《全民所有制工业企业法》到《公司法》的转轨。[②]

### （一）市场平等竞争的特殊法人

国有资本运营公司作为以国有资本保值增值的特殊企业法人，应当划分在特定功能类国企中，并扮演引领和孵化其他国企的角色。[③] 这对

---

① 张屹山，赵立文，刘玉红，等．国资国企改革要加快由“管企业”转向“管资本”[N]．经济参考报，2019－01－07(7)．

② 王仲兵．深化国有企业改革与国有资本出资人制度研究[M]．北京：经济科学出版社，2018：8．

③ 李懿哲．国有资本投资运营公司法律问题研究[J]．科学与财富，2018(8)．

于做好“政企分开、政资分开”迈出了具有突破意义的一大步。面对激烈的国内外市场竞争，国有资本该如何实现保值增值、国有企业如何焕发市场活力、如何从法律上明确国有资本运营公司这一能够维护市场平等竞争的特殊法人的地位，是国资国企改革的重大理论和实践创新之举。

### （二）连接政府和市场的桥梁

在近年来的国资国企改革实践中，“国资监管机构—国有企业”二元结构引起的“政企不分”“政资不分”“国有企业多重目标”“内部人控制”等问题比较突出。[①] 为了解决相关问题，“国资监管机构—平台公司—国有企业”三元结构进入本轮国资国企改革的路线图和时间表，国有资本运营公司应运而生，自觉承担起连接政府和市场的桥梁责任。学术界普遍意识到，传统经济学提出的“政府和市场”的二分法在中国难以打造可持续的经济发展模式。学术界通过引入利益相关者理论、组织生态学理论和社会资本理论等，寻找政府和市场之外的“第三种力量”。政府和市场之间需要科学设置“第三种力量”来激活市场活力、提升国资国企的效益效率质量，促进经济增长。因此，国有资本运营公司是本轮国资国企改革中被选中的“第三种力量”。

### （三）发挥产融一体化引领作用

在国资国企改革实践中，国有资本运营公司应当向产融结合、综合性、多元化、专业化、市场化运营企业的方向发展。在国有资本运营过程中，将金融和实体产业相结合，以更专业、更科学、更有效的资本运作的姿态参与到对实体经济的改革中。[②] 长期以来，我国国有企业是以界限分明的或者金融企业或者实体企业的形式作用于经济社会的；国有资本运营公司则是以产融一体化的形象出现并在国资国企改革进程和市

---

①② 李懿哲. 国有资本投资运营公司法律问题研究[J]. 科学与财富,2018(8).

场经济发展中发挥引领作用的。

### （四）全面完善公司治理结构

国资国企改革实践要求加强国有资本运营公司的中间环节作用，实现国资委和国有资本运营公司的权力重新分配。

应坚持政企分开和政资分开，理顺国资监管机构和国有资本运营公司之间的关系，理顺国有资本运营公司和出资企业之间的关系。[①] 在制定“国有资本运营公司法”中予以具体界定，通过立法的形式予以明确，在改革实践中高效运行。制定并实施“国有资本运营公司法”，对于全面完善我国公司治理结构将具有历史性意义和价值。

## 四、构建完善的法律法规文本框架体系

从法理学意义上来看，一部完整的“国有资本运营公司法”需要具备公司治理结构、经营、监督和法律责任等方面内容。

### （一）明确国有资本运营公司的治理结构

在制定“国有资本运营公司法”中要规范公司的治理结构，主要解决公司法人治理结构的核心问题。对于国有资本运营公司的出资人，要准确判断国有企业出资人的现状和国有资本运营公司出资人的法律路径。关于国有资本运营公司的董事会，要明确国有资本运营公司董事会的公司法路径，董事会与出资人的权力划分，构建国有资本运营公司董事会。关于国有资本运营公司的监事会，要明确国有企业监事会的公司法路径，构建国有资本运营公司监事会。关于国有资本运营公司的经理层，要明确国有企业经理层的国有企业法路径，构建国有资本运营公司经理层。

---

① 李懿哲．国有资本投资运营公司法律问题研究[J]．科学与财富，2018(8)．

## （二）明确国有资本运营公司的经营

在制定“国有资本运营公司法”中要明确国有资本运营公司的竞争法律制度，重点解决国有资本的行业垄断难题，构建国有资本运营公司的利润分配制度，构建国有资本运营公司激励机制等。

## （三）明确国有资本运营公司的监督

我国首部以“法”的形式推出的国资国企监管行政法规是《中华人民共和国企业国有资产法》。国资国企监管强调的是对国有资本的运营管理、监督。“监督”通常包括内部监督、外部监督、社会监督和“责任追究”保障机制。

在制定“国有资本运营公司法”中，要注意构建国有资本运营公司内部监督法律制度，构建出资机构监督法律制度，构建公司内部监督法律制度等。要注意构建国有资本运营公司外部监督法律制度，探寻国有资产监督委员会、人大监督制度的构建和社会监督机制的有机结合等问题。

关于监督架构，通常要明确监督指导思想、监督原则、监督结构、监督机制和监督方法等要素。关于监督结构，在我国通常强调三个层面的问题：内部监督、外部监督和社会监督。关于监督方法，要求依法监管、分类监管、阳光监管和优化监管流程。监督手段强调激励约束、审计、纪检监察和巡视、责任追究、清单管理、章程审批、稽查制度等。关于审计监督，要求强调统筹政府部门公共审计、出资人审计和企业内部审计三者之间的关系，通过经济责任审计、任中审计、离任审计、专项审计和跟踪审计等具体形式建立国资国企完整的审计监督机制。关于纪检监察和巡视，是党的领导和监督的具体体现。①

① 文丰律师，文丰研究．国有资本投资、运营公司法律解构[EB/OL]．（2018-10-29）[2019-04-09]．http://www.sohu.com/a/271930556_787033.

### （四）明确国有资本运营公司的法律责任

在制定“国有资本运营公司法”中，要明确规范国有资本运营公司出资人的法律责任，对国有资产出资人和国有资本运营公司出资人的法律责任和法律责任形式通过立法予以明确。要明确国有资本运营公司董事、监事、经理层的法律责任，强调三者法律责任强化的必要性和法律责任形式等。

关于责任追究，《国务院办公厅关于建立国有企业违规经营投资责任追究制度的意见》（国办发〔2016〕63 号）明确了责任追究体系，针对 9 大类 54 种情形规定了责任追究流程，将责任主体分为直接责任、主管责任、领导责任，将责任形式分为组织处理、扣减薪酬、禁入限制、纪律处分、移送司法机关处理五种类型，并规定了损失认定的具体标准。这些都可以作为“国有资本运营公司法”中关于法律责任部分文本起草的重要参考。

## 第二节　探索建立国有资本授权经营体制和工作机制

国有资产是国民经济发展最重要的物质基础，国有资产管理属于财政范畴。国有资产数量大、情况复杂，分别由财政部、国家发展改革委、中国人民银行、国务院国资委、自然资源部、水利部、交通部、文化部等政府机构依照国务院的分工实施管理。

《国务院关于印发改革国有资本授权经营体制方案的通知》（国发〔2019〕9 号）提出了改革国有资本授权经营体制的重要举措，提出优化出资人代表机构履职方式，分类开展授权放权，加强企业行权能力建设，完善监督监管体系。这对于探索建立国有资本授权经营和工作机制提出了明确的政策性指导，在当前阶段是我国国有资本授权经营的最权威的指导性政策。

## 一、明确国资监管机构的职责定位

国务院国资委成立于2003年，其前身是大型企业工委。国务院国资委被界定为国务院直属特设机构，设立的初衷是解决国资国企的债务、重组和三年脱困问题。

在既有的国资国企改革与管理体制中，国资监管机构对国资国企的对外投资、担保、捐赠、产权转让、薪酬管理、审计评估、干部任免、财务预决算、改制改革、章程审批等诸多经营管理活动，通过审批、审查、核准、备案等管理工具、方式和手段，既“管企业”也“管资产”，承担作为政府而非“特设机构”的公共管理职能。

按照全面深化国资国企改革要求，国资监管机构要回归“出资人”角色，还原“政府直属特设机构”定位，从而“专司国有资产监管”，不行使政府公共管理职能。

### （一）国资战略布局与规划主导者

1. 转变政府职能是国资国企改革的关键

改革国有资本授权经营体制，关键是改革政府直接干预企业微观事务的现状，是体制改革的主体内容。国资监管机构作为国有资产终极出资人代表，基于股东权利履行对国资国企的管理职能，遵照政府职能转变的改革方向，应在新形势下释放国资国企改革的动力和活力。国资监管机构在改革实践中需要调动市场工具和手段调控国资国企。

2. 运用市场机制主导国资布局和规划

在国资国企改革领域，理清政府和市场的关系，国资监管机构从国资国企具体经营事务中脱离出来，转变为国有资本宏观战略布局和规划的主导者。在授权管理范围内，制定国有经济布局调整和国资国企改革的法规和政策，为避免行政化趋向，规范市场化行为，国资监管机构在行使职能时，应接受相应的监督。

### （二）国资经营预算权编制者

随着我国社会主义市场经济体制的逐渐完善，政府作为国有资本所有者，应建立起独立于公共预算之外的国有资本经营预算，以全面掌握经营性国有资本的收支及资产负债情况，确保国有资本的保值增值。国有资本经营预算的编制权应由国资监管机构行使，这样不仅有助于将国有资本的运营从政府公共事务中剥离出来，实现政府国有资本出资人职能与政府公共管理职能的分离，而且有利于政企分开、政资分开，推动国资国企完善具有中国特色的现代国有企业制度。

### （三）国资安全维护者

国资监管机构作为国资安全维护者，需要保障国有资产的安全与完整。刘纪鹏、赵晓丹 2013 年撰文建议国资监管机构应重点做好以下工作：明晰产权关系，强化产权登记检查和日常管理；严把工作流程，依法规范产权交易；全面加强企业净资产核定和资产损失认定，规范资产评估程序和制度，公正地评估国有资产；通过推动国有资产进场（产权交易所）交易和竞价交易制度使国有资产转让在公平竞争中展开，使整个过程变得高度透明；努力做好国有资产收益收缴工作，严格规范资产处置和担保行为。①

### （四）出台国资监管权力和责任清单

授权体制改革的关键是所有权与经营权的分离，把经营权授予最基层的企业。进一步细化和扩大国资监管放权、授权范围，制定《出资人监管权责清单》《出资人监督权力清单》《出资人监督责任清单》《出资人服务事项清单》《国务院国资委授权放权清单（2019 年版）》等。《国务院关于印发改革国有资本授权经营体制方案的通知》（国发

① 刘纪鹏，赵晓丹．新国资管理体制下国资委该如何定位［N］．证券时报，2013－12－25（A17）．

〔2019〕9号）的出台为国有资本运营公司指明了授权体制改革的方向。

### （五）管理同级国有资本运营公司

国资监管机构应成为同级国有资本运营公司的管理者，通过国有资本运营公司持有国有实体企业股权并行使股东权利，由国有实体企业从事具体生产经营活动。国资监管机构负责组建中间层的董事会，董事会人员可以有来自国资监管机构内部及其他政府部门的公务员、具有专业知识背景的独立董事以及具有丰富管理经验的执行董事等；在股权并购和出售等重大事项及重大政策制定时，国有资本运营公司必须事先征求国资监管机构意见；国有资本运营公司每年定期报送经审计的财务报表供国资监管机构审阅，使国资监管机构随时了解其经营状况。

## 二、明确国有资本运营公司的权责定位

### （一）国有资本运营公司与所出资企业的管控关系

国有资本运营公司是打造国有企业的国有企业，是诞生国有企业的“孵化器”，是培育新型国有企业的“温床”和“胎盘”。国资监管机构基于政府授权，对国有资本运营公司履行出资人职责，并基于“一企一策”“一项一策”，具体明确对国有资本运营公司的授权内容、范围、方式；国有资本运营公司对授权范围内的国有资本履行出资人职责。国有资本运营公司对所出资企业行使“股东”权利，建立管控模式：财务性持股为主的，建立财务管控模式，关注国有资本流动和保值增值；战略性核心业务控股为主的，建立战略目标和财务效益为主的管控模式，重点关注战略执行和资本回报。

### （二）国有资本运营公司管理实体企业

国有资本运营公司接受国资监管机构的委托从事国有资本的经营管理和运作，承担国有资产保值增值的职责，参股于企业中、作为产权代

表行使股东权利。国有资本运营公司严格遵循《公司法》，按照市场经济规则，参与所出资的公司管理，加强实体企业董事会建设。国有资本运营公司通过董事会发挥自身作用，不参与实体企业的具体投资、商业和运营活动，具体经营活动由实体企业经营层组织，并接受董事会监管。

## 三、试点放开“授权主体”

从国家层面来分析探讨，授权主体涉及“全国人民—全国人民代表大会—国务院—国资委—国有资本运营公司—国有企业”。从授权内容来说，在战略规划、薪酬管理、选人用人、产权管理等四个方面明确授权放权的事项。[①] 国务院授权国资委、财政部及其他部门、机构作为出资人代表机构，对国家出资企业履行出资人职责。[②]

### （一）试点政府直接授权

国务院或者地方政府直接授权国有资本运营公司，而不再通过国资监管机构进行中间层级的授权，该类授权为试点性工作并非常态授权。在政府、国资监管机构、国有企业之间，国有资本运营公司在“试点”情况下，直接替代了国资监管机构的角色。国有资本运营公司在“管资本”视角下发挥的是资本运营的专业“平台”功能，而在国资监管体制中处于“中间层”的转承地位。

### （二）试点放开授权主体

《国务院关于推进国有资本投资、运营公司改革试点的实施意见》（国发〔2018〕23 号）明确提出政府以及各国资监管机构都可以打造

① 李锦．国资委授权清单：能否成为改革的新里程碑？［EB/OL］．（2019－04－28）．https://mp. weixin. qq. com/s/2s68gjyEVvbxq2zrPrYWmQ．

② 国务院关于印发改革国有资本授权经营体制方案的通知［EB/OL］．（2019－04－28）．http://www. gov. cn/zhengce/content/2019－04/28/content_5387112. htm.

国有资本运营公司。政府、国资委、财政项目、宣传系统及其他部门都在探索授权打造国有资本运营公司。国有资本运营公司试点改革中“授权主体”的放开，对国资委产生了巨大影响。如何促进不同授权主体下的国有资本运营公司及国有企业、其他国有资产产生积极的协同效应？如何建立一套长效机制？如何形成促进和保障的正向激励作用？这将是未来很长一段时期内，国有资本运营公司要重点研究解决的一系列重大问题。

## 四、探索最优授权模式和工作机制

### （一）理解三级代表权

从法理学意义上探讨，政府职能部门是第三级代表人，国资监管机构①具体行使三级代表权。理论上，三级代表权应统一由专业的国资监管机构行使。由于经济体制转型尚未完成等原因，国务院和地方政府还授权其他部门、机构行使代表权。根据国务院的规定，财政部行使金融行业、文化行业、出版行业、烟草行业的代表权，以及由中国邮政集团代表财政部行使邮政行业的代表权等。

### （二）理解两类授权

在授权机制上，《国务院关于推进国有资本投资、运营公司改革试点的实施意见》（国发〔2018〕23 号）提出，将按照国资监管机构授予出资人职责和政府直接授予出资人职责两种模式开展国有资本运营公司试点。国资监管机构授权模式是指政府授权国资监管机构依法对国有资本运营公司履行出资人职责，政府直接授权模式是指政府直接授权国有资本运营公司对授权范围内的国有资本履行出资人职责。实行这两种授权机制是一个不断摸索的过程，经过长期的国资国企改革实践，最终

① 包含国务院国资委以及国务院和地方政府授权的其他机构。

一定会筛选出最为符合实际需要的最优授权模式。

### （三）构建最佳权力运行结构

探索最优授权模式和工作机制，实质上是对国资国企监管最佳权力运行结构的探索和构建。这种权力运行机构，要求国有资本运营公司不设股东会，由政府或者国资监管机构作为国有资本授权主体行使股东会职权。领导机构，要求党组织在国有企业治理中通过章程安排实现法定地位。国务院直接授权的国有资本运营公司应当设立党组织，并由纪检监察机关派驻纪检监察机构。决策机构，要求董事会基于授权，行使部分股东会职权。经理层，要求总经理与董事长原则上不得兼任，应为内部执行董事。①

## 第三节　完善国有资本运营管理的指导政策体系

2013 年 11 月 12 日，党的十八届三中全会《关于全面深化改革若干重大问题的决定》首次在我国正式提出了“国有资本运营公司”的概念。2018 年 7 月 14 日，《国务院关于推进国有资本投资、运营公司改革试点的实施意见》（国发〔2018〕23 号）是迄今为止对国有资本运营公司规定得最为详细、最具操作意义的政策性文件，从指导思想、试点目标、基本原则，以及功能定位、组建方式、授权机制、治理结构、运行模式、监督与约束机制等方面全面、系统地进行了制度安排。2019 年 4 月 19 日，《国务院关于印发改革国有资本授权经营体制方案的通知》（国发〔2019〕9 号）明确了国有资本授权经营的清单。这些都是国有资本运营公司最权威的指导政策文件，是完善国有资本运营管理的指导政策体系的工作基础、制度基础和政策基础。

现行国资国企改革文件将国有资本运营公司分为两类：持股类资本

① 程信和．经济法通则原论[J]．地方立法研究，2019(1)：54－129.

运营公司[①]和资产经营类资本运营公司[②]。设立国有资本运营公司的目标是通过专业化、市场化的资本流转与循环，追求国有资本保值增值，提高国有资本配置效率，更多地强调国有资本的流动性和盈利性。

国有资本运营公司的功能定位更侧重于资本运作与资产经营功能。操作方式和经营方式包括兼并或分立，成立合资公司、公司制改建、培育上市公司、产权转让置换等。国有资本运营公司不从事具体的产品经营，主要开展股权运营，行使股权管理权力，在资本市场通过资本运作有效组合配置国有资本。

组建方式为新设，各级政府通过国有资本经营预算支出的出资设立国有资本运营公司，设立后政府可把部分国有股权直接划转给国有资本运营公司。下属产业管控方式以财务型管控为主。公司主要发挥财务、风险管理以及资源配置作用。下属产业多元化。

完善国有资本运营公司政策指导体系，需要基于运营公司分类、目标、功能定位、操作方式、经营方式、组建方式以及配套政策等进行完善。

## 一、将淡马锡模式中国化完善指导政策

围绕混改、PPP、国有资产、金融资本、海外投资、上市公司股权、地方债务、行政事业资产和自然资源等国资国企改革焦点问题，财政部门、国资监管部门、发改部门要明确国有资本运营公司需要解决哪些问题，并在实践中找到合适的管理抓手。

在政策落地和执行层面，未来需要明确：具体由谁来推进、规划、勾勒国有资本运营公司的政策？哪些国有资本运营公司可以改组、哪些国有资本运营公司应该新组建？新组建国有资本运营公司的原则是

① 侧重股权流动。
② 侧重资产整合、改制重组和资产处置。

什么？

完善指导政策，要结合新加坡淡马锡模式进行研究推进。新加坡财政部下设淡马锡和 GIC[①] 两个国有资本运营公司，统筹管理整个国家的国有资本。所谓新加坡淡马锡模式，是新加坡将其国有企业及通过国有资本参股的其他社会资本，以及国有资本在其他机构中所进行的投资较为系统地管理起来，并产生了良好的发展质量、效益、效率，成为全球国资国企管理的成功实践和标杆。

当前，我国推出的国有资本运营公司这一政策工具，是党的十八大以后，我国国资国企改革理论和实践上的重大突破。国有资本运营公司借鉴了新加坡淡马锡模式，并加入了中国特色。“淡马锡模式”应用于国家政策的中国化进程步入正轨，明确了国资国企改革发展的新趋势。

## 二、研究出台财政、金融、人才、科技等支持政策

新加坡淡马锡和 GIC，重点解决的是国资国企在资源配置、资产流动、资本运营上的价值创造问题。这对于我国政府解决地方负债问题、融资问题有着较大的现实意义。如何改革，如何发挥国有资本的杠杆作用、撬动巨大的社会资本，促进产业转型升级、打造战略性新兴产业，对于全面深化国资国企改革有着较大的前瞻意义和战略价值。设计构建国有资本运营公司，要考虑解决金融资本的问题。在国有资本运营公司中，金融资本居于核心位置，还是居于实业和金融大循环的关键位置，这对于国有资本布局来讲具有至关重要的意义和价值。国家发展改革部门、财政部门、金融监管机构、人力资源和社会保障部门、科技部门、国资监管机构等相关国家监管部门需要研究出台财政、金融、人才、科技、薪酬分配、业绩考核等支持政策。

---

① 世界第八大主权基金。

## 三、研究出台落实相关税收优惠的政策

研究出台落实相关税收优惠政策是服务国有资本运营公司的重要政策保障。国资国企，包括国有独资或者国有控股企业、国有企业的参股部分。国有资本运营公司是对现有国资国企和国有资本的重新组合、重新布局、重新配置，税收优惠政策是刺激国有资本运营公司改革活力和发展动力的制度安排。

### （一）调整资源收益税收政策

在我国，国资国企是属于国家和人民的，应该列为财政预算，国家和人民应当能够享受到国资国企的收益。黄凤羽早在2000年就撰文建议通过从价征税的办法将资源收益税费返还给当地，形成资源型经济的可持续发展资金，服务当地建设。①

### （二）构建服务和促进大跨度资产重组的税收政策体系

长期以来，按照行政隶属关系划分税收收入的制度与我国当前的改革形势不相适应，亟须深入推进企业税收政策改革。黄凤羽认为可将我国企业所得税设计为中央和地方共享税，既保证国家财政收入，又调动地方管理企业的积极性。通过改变现代企业所得税的纳税地点，有效促进大跨度资产重组。② 笔者认为，这将有利于构建服务和促进大跨度资产重组的税收政策体系，值得在企业税收政策改革与制度设计中予以考量。

### （三）科学制定社会保障税收政策

随着企业机制的转换，企业破产、倒闭、兼并等经济行为将不断发生，按照国际惯例，社会保障税应以企业支付给职工的工资总额为征税

---

①② 黄凤羽．运用税收杠杆促进国有企业资本运营[J]．天津经济，2000(4)：30－32.

对象，分别设立失业、医疗、养老、工伤等项目，根据各项目的具体情况由企业和职工个人分别负担。从而固定企业社会保障成本，有效保障职工个人权利。① 国资国企改革要通过科学制定社会保障税收政策强调企业的社会功能，企业与社会要形成互惠共生的关系，有效保障最广大人民群众的根本利益。

### （四）完善企业兼并破产税收政策

国有资本运营公司在对国资国企进行市场化、专业化改造过程中，必然涉及大量的国有企业兼并破产问题。一是企业原欠税款问题。要坚持只有其所欠国家税款全部缴纳后，其他债权人才可以得到债权的清偿。二是在我国目前社会保障体系尚不健全的情况下，对破产后失业职工的安置应由税收政策给予一定的照顾。三是对兼并其他企业的企业，可视被兼并方盘活资产的数量、接纳被兼并方职工的多少，给予一定的税收政策优惠。②

## 四、研究出台充分发挥各类基金作用的鼓励性政策

研究出台充分发挥各类基金作用的鼓励性政策。通过设立股权运营平台，制订股权运营方案，对划入股份开展运营，推动国有资本在进退流转中增值。研究制定推动实体经济产融有效结合的实施方案。研究制定积极发挥基金投资引领作用的指导性政策，引导带动社会资本，助力国家重大战略及农业、医疗、芯片等产业发展。研究制定深化混合所有制、员工持股等改革的指导性政策，继续加快所出资企业资产证券化，非上市企业股权可交易化，推进所属上市公司整合。积极开发央企 H 股、“一带一路”基金等央企相关指数及 ETF 基金，引入海外资金参与国资国企改革，并通过制度、标准，规范引导海外资金的使用，确保金融秩序和市场稳定。对于新设系列基金、政策性基金、产业型基金，需

①② 黄凤羽．运用税收杠杆促进国有企业资本运营[J]．天津经济，2000(4)：30－32.

要研究制定具有可操作性的指导性政策，要用得上、管得住、放得开。通过发起设立系列基金，主导发起或参与功能明确的政策性基金和特色鲜明的产业型基金，撬动各类资本共同参与国资国企改革，显著放大国有资本功能。

## 五、研究出台积极稳妥引入各类社会资本参与的政策

研究出台与国资国企改革相适应的混合所有制改革政策，与积极稳妥引入各类社会资本参与相结合的政策指导体系。创造积极的价值发现模式，通过资本投入、项目扶持等手段带动和引领社会资本集聚，既创造和发现市场潜在价值、增强国有资本的导向作用，又促进社会资本的持续发展。

2013 年 11 月，中共十八届三中全会决定允许社会资本通过特许经营等方式参与城市基础设施投资和运营。2013 年国务院出台《国务院办公厅关于做好全国政府性债务审计工作的通知》（国办发明电〔2013〕20 号）。2014 年国务院出台《关于加强地方政府性债务管理的意见》（国发〔2014〕43 号）、《国务院关于深化预算管理制度改革的决定》（国发〔2014〕45 号）、《国务院关于创新重点领域投融资机制鼓励社会投资的指导意见》（国发〔2014〕60 号）。2014 年 9 月，财政部出台《关于推广运用政府和社会资本合作模式有关问题的通知》（财金〔2014〕76 号）[①]。2014 年 10 月，李克强总理主持召开了国务院常务会议，明确要求要积极推广 PPP 模式。

由已经出台的积极稳妥引入各类社会资本参与的相关政策文件可见，国家出台的有关指导政策已经不少，目前需要结合国有资本运营公司在引入各类社会资本参与方面存在的实际问题，有针对性地制定国有资本运营公司积极稳妥引入各类社会资本参与的相关政策。例如，以授

① 财政部《关于推广运用政府和社会资本合作模式有关问题的通知》（财金〔2014〕76 号）。

予特许经营权为基础，研究出台《基础设施和公用事业特许经营法》[①]；以利益共享和风险共担为特征，通过引入市场竞争和激励约束机制，发挥双方优势，提高公共产品或服务的质量和供给效率[②]，体现政策的连续性、统一性。

## 六、研究出台健全国资国企有序进退的相关政策

王仲兵认为，就法律层面而言，国资国企从 1988 年的《全民所有制工业企业法》的主体制度转变为 2008 年《企业国有资产法》的财产客体制度，凸显了法律实践的可操作需求。[③] 在国有资本运营公司试点推开以后，要深入研究出台健全具有可操作性的企业进退机制，完善相关进退政策，依法妥善处理劳动关系调整、社会保险关系接续等问题，切实维护好企业职工合法权益。

统筹解决好国资国企改革中下岗职工的再就业和社保转移接续问题。吴欣航在 2019 年撰文建议通过企业内部转岗就业、公益性帮扶等渠道安置职工，建立健全公共就业服务系统、下岗失业人员的技能指导和业务培训，妥善处理职工劳动就业关系，做好社保的转移接续，维护职工合法权益。[④]

## 七、研究妥善解决国资国企历史遗留问题的相关政策

研究出台建立完善政府和国资国企合理分担成本的机制和政策，多渠道筹措资金，妥善解决国资国企历史遗留问题，为国资国企公平参与市场竞争创造条件。加快做好国资国企改革中的“壳企业”处置工作：

---

① 《基础设施和公用事业特许经营法》(征求意见稿)第三条。

② 全国人大十二届二次会议《关于 2013 年中央和地方预算执行情况与 2014 年中央和地方预算草案的报告》。

③ 王仲兵．深化国有企业改革与国有资本出资人制度研究[M]．北京：经济科学出版社，2018：68－69.

④ 吴欣航．解放思想 推进国有企业改革发展[J]．经济师，2019(2)：251－252.

对国资国企改革中仍有市场价值的“壳企业”，有序改制退出一批；对国资国企改革中不具备改制条件的“壳企业”，依法依规破产清算一批；对国资国企改革中受相关法律政策等限制无法有序退出的“壳企业”，委托国资集中托管，待条件成熟再进行改制。①

## 八、研究国有资本形态的布局、功能、转化管理政策

国有资本运营公司基于国资监管机构授权，对国有资本形态分布，根据不同国资布局、功能完成不同转化、组合。完善国有资本形态的布局、功能、转化管理政策，就是要对国有的货币资本、人力资本、创新资本等，围绕全球、国家和区域战略进行总体布局和顶层设计。推进“资源—资产—证券化—投资循环”政策完善，完善全域国资国企改革经营政策。国资国企范围界定和资源再挖掘是国资国企系统在新时期通过改革发挥更大作用的坚强基石和逻辑起点。完善用金融手段强化资本运作的政策，激活全域国资国企改革，为推进全域国资国企证券化打下基础。

## 九、研究财政系统打造国有资本运营公司政策

通常意义上，我们研究探讨的是国资监管系统对国有资本运营公司的打造政策。而现有政策规制又允许财政系统打造国有资本运营公司，因此，就需要研究制定财政系统打造国有资本运营公司的政策措施和法律法规。财政系统打造国有资本运营公司，主要是打造国有金融资本运营公司。从政策安排和改革实践来看，可以通过三种途径予以破局：组建一个金融类国有资本运营公司、N 个金融类国有资本投资公司；或者打造一个全功能的金融类国有资本运营公司；或者构建服务大金融服务平台等。而这些，都需要有完善的指导政策予以规范和约束。因此，及

① 吴欣航．解放思想 推进国有企业改革发展[J]．经济师，2019(2)：251－252.

时研究出台相关政策文件是制度安排的当务之急。

### 十、完善国有资本市场化运营管理的制度架构

强调“1+N”的政策规制和制度文件，满足从“管资产”到“管资本”转变的新要求，从宏观战略要求、中观结构安排和微观运营监督等方面设计制度体系和政策安排。“管资本”为主，对于现有的制度建设提出了新要求。制度设计需要着力于国有资本授权和国有资产监管两个方向发力，科学设计国资国企监管体制、机制和国有资本授权经营、运营、管理、监督。调整和规范国有资本监管主体、国有资本运营主体、国有资本经营主体等之间的关系安排。重点解决国有资本运行、运营、监管三个维度的体制、机制问题。

## 第四节　加快推进国有资本的市场化运营管理

### 一、监管机构：要运用市场机制主导国资布局和规划

“官本位”思想在中国根深蒂固，国资监管机构在行使职能时，特别容易走向“行政化”，因此，必须用“法治化”手段，保证“市场化”的有序推进。国资国企改革本质上要求调整和规范政府和市场的关系，目的在于确保国资监管机构从国资国企具体经营事务中脱离出来，将主要精力用在主导国有资本宏观战略布局和规划上。国资监管机构将致力于持续推进国有经济布局调整和国资国企改革，其出发点和落脚点是促进国民经济发展，其工作重点是提高国有经济的控制力、影响力、带动力以及国资国企的辐射作用。通过资本运营推进国资国企改革和国有经济布局调整，加强国有资本运营，促进监督管理和资本运营相互融合，实现国有经济进退自如。

国资监管机构制定的国有资本战略布局和规划要适应市场机制的要

求，基于企业对市场的科学预测，由企业自主决定投资方向，使投资效益成为引导国有资本流向的决定性因素。国资监管机构并不直接干预企业的经营决策。国资监管机构探索科学、有效、合理的国资监管模式，通过市场来实现国有经济的战略布局和资源优化配置，深化中国特色经济体制改革，建立有中国特色的现代国有企业制度。

国有资本战略规划是从国民经济和产业规划布局出发，进行资源整合，推动国有资产向优势产业和领域集中；从壮大国有资本和加强资本运作、追求盈利的角度，综合考虑国有资本的进与退，最终形成国有资本合理流动机制；在授权管理范围内，制定国有经济布局调整和国资国企改革的法规和政策，为避免“行政化”趋向，确保“市场化”的有序推进，国资监管机构在行使职能时，应接受相应的监督。

## 二、改革视角：要不断清晰市场化运营管理的逻辑思路

国有资本市场化运营管理的逻辑起点是，“政资分开、政企分开、所有权与经营权分离”。这必然要求国资国企改革体现“资本为纽带、产权为基础”“以管资本为主加强国有资产监管”的政策精神。

国有资本市场化运营管理的维度逻辑是，“管资本”有五个维度，即管好国有资本布局、规范国有资本运作、提高国有资本回报、维护国有资本安全、强化国有资本约束。这五个维度，体现着两个层面的“管”：国资监管机构对国有资本运营公司的“资本管控”，国有资本运营公司对所出资企业的“产权”和“股东”的管控。

国有资本运营公司作为新时代国资国企改革的重要成果，是从“管资产”到“管资本”转变的重要路径和政策工具。国有资本运营公司这一政策工具的试点，重新界定了国资监管机构的“监管”边界，突出强调了国有资本的“运营”功能，是在国资监管机构与国资国企之间建立的“中间层”公司或者称之为“第三种力量”，是“从管资产到管资本”这一国资监管新定位的重要载体和实践工具。

国有资本运营公司要对持股企业经理班子指导实行职业经理人制度。原则上公司不参与持股企业具体经营，主要负责以市场化方式对国有资本进行运营处置。职业经理人需要“考量”政府与市场间的微妙关系。

国有资本运营公司不仅是国有资本市场化运营管理的“枢纽”，而且是国有资本市场化运作的“专业平台”；不仅是国有资本的运营载体，也是国资监管机构与国有出资企业之间的转换枢纽。对于国资监管机构而言，国有资本运营公司是国资监管的对象；对于出资企业而言，国有资本运营公司承担出资人职责。国资监管机构作为出资人，通过国有资本运营公司，两个“一虚一实”的特殊载体，实现“从管企业到管资本、从管资产到管资本”的职能转变。

## 三、经济属性：着力打造国有资本市场化运作专业平台

国有资本运营公司在经济属性上作为国有资本市场化运作的“专业平台”，其资本运作的具体方式就是“资本运营”。国家组织国有资本运营公司，实行国有资本市场化运作。[①] 国有资本运营公司如何打造国有资本市场化运作专业平台？行政化、市场化、法治化是专业平台打造需要重点解决和处理好的关系。

国有资本运营相当于“主权基金”，其作用是调结构、促转型，其手段是市场化、法治化、专业化。国有资本运营市场化的核心是“资本运作战略”，其本质是通过资产运作、投资组合、内涵式资本运作、外延式资本运作、产融结合、资本市场驾驭等市场化工具和手段完成产业目标、资本目标、创新目标等。

### （一）“政企互动”破解国有资本市场化运作难题

“政企互动”是针对“政企不分”提出的破解国有资本市场化运作难题的有效路径。“政企互动”发挥了市场配置资源的“决定性作用”

① 程信和．经济法通则原论[J]．地方立法研究，2019(1)：54－129.

和政府的“积极性作用”。经济法不突出政企两类主体的“不平等关系”，而是强调建设“服务型政府”，以区别于“管控型政府”的传统思维。要坚持形成政府与企业的互动关系。[①] 政府与企业建立良性互动关系，营造良好的营商环境，国有资本市场化运作才能破局，真正走向市场化、法治化和专业化。

## （二）从“国有资本运营平台”到“国有资本运营公司”

国资监管机构要完善现有主业管控模式，进一步打造市场化运作专业平台，指导试点企业根据国家战略调整或增加新的主业，推动国有资本更多投向关系国家安全、国民经济命脉的重要行业和关键领域。支持国有资本运营公司设立财务公司，允许国有资本运营公司依据自身条件，结合主业特点和行业监管要求，合理申请和运用金融牌照，更好地服务实体经济。

2016 年，国家政策重点强调的是构建“国有资本运营平台”，在某种意义上是“大资管 + 大资本运作”。其主要职能是“资产整合”：一是存量资产整合，二是增量资产整合。2018 年，国家政策重点强调的是构建“国有资本运营公司”，主要以提升国有资本运营质量、效益、效率，提高国有资本回报为改革试点目标，以财务性持股为主，通过股权运作、基金投资、培育孵化、价值管理、有序进退等方式，盘活国有资产存量，用好国有资产增量，引导和带动社会资本共同发展，实现国有资本合理流动和保值增值。

从“国有资本运营平台”到“国有资本运营公司”，这种政策导向的转变，进一步明确了国有资本运营公司的新使命、新担当、新职责。从国资国企改革实践来看，国有资本运营公司的“央企模式”基本涵盖了投资、持股管理、资本运营与资产经营等投资与运营的全业务、全产业链。

---

① 程信和．经济法通则原论[J]．地方立法研究，2019(1)：54－129.

## 四、业务属性：要创新国有资本运营管理模式

业务属性上，国务院直接规定国有资本运营公司“以资本为纽带、以产权为基础”依法自主开展“国有资本运作”，而“不从事具体生产经营活动”。在国有资本配置和运营管理改革实践中，国有资本运营公司具有产业调整与布局引导、经济优化和资源配置、资本重组与资源整合等布局功能。

### （一）要积极探索推进市场化选聘经理层

国有资本运营公司要把党的领导融入公司治理结构的各个环节，要持续推进董事会建设、试点探索经理层任期制和契约化管理。按照党组织推荐、董事会选择、市场化选聘、契约化管理的基本流程，推进市场化选聘经营管理人才。国有资本运营公司通过市场化选聘机制，同步推进薪酬改革与市场化选聘、招聘，给国有实体企业配备一支稳固、高素质、有国际化视野、具有全球化战略眼光、具有全心全意为人民服务的情怀、具有企业家精神的职业管理团队。国资监管机构对国有实体企业的经营活动监管但不干预，鼓励其自主经营、有效防范失控风险。开展职业经理人试点，主要通过外部引进与内部转化两种方式推进。对外部引进的职业经理人实施契约化管理、市场化激励。内部职业经理人与公司签订《身份转换协议书》，允许恢复干部身份。身份转换机制可以有效解除员工对于企业市场化改革的顾虑，切实可行地推动内部职业经理人队伍建设。

### （二）要改善国有资本的分布结构和质量效益

新一轮国资国企改革实操的重点是国资国企混改。国资国企混改背景下，如何运营国有资本，是国资国企改革面临的现实的重大挑战。国有资本运营公司侧重改善国有资本的分布结构和质量、效益与效率，强调国有资金的周转循环、追求国有资本在运动中保值增值，提高国有资源配置效率是完成国资国企混改的重要政策工具和改革手段之一。

采用“国有资本运营公司”这一政策工具，提高国有资本配置和运营效率。要“发挥国有资本运营公司的作用，清理退出一批、重组整合一批、创新发展一批国有企业”，通过国有资本运营公司利用并购重组、资本市场等各种途径优化国有资本布局结构，增强国有经济整体功能和运营效率。同时，要将党政机关、事业单位所属企业的国有资本纳入经营性国有资产集中统一监管体系，具备条件的进入国有资本运营公司。

### （三）要将资本运作贯穿母子孙三级公司战略

国有资本运营公司以资本运作为中心，打通母子孙三级公司，分别强调母公司做资本运作，子集团做产业运作，孙公司做产品和服务。母公司把所有能获取的资本、资源、资产、资金、债权债务、收益权、资产处置权、各种交易权、资产流动权集中到母公司层面，推动集团公司结构治理和发展战略实现。

子集团充分发挥国有资本运营公司的“金控”、国资国企改革、产业投资、资产管理等核心功能，集中精力做好“产业整合”。“金控”会衍生大量对外服务，对外形成诸多接口的“融融结合”服务。国资国企改革通过资本运作，促进相关公司整合剥离、整体上市、重组、兼并。“资产管理”用创新的工具和方式方法，充分发挥其金融能力和衍生工具的作用，购置、配置、处置资产。

孙公司的产品与服务运作并不是实际做产品，而是具象地做产品，服务于产业、改革、创新、资产配置的种种金融产品或产融结合产品，所有的这种“产品”服务资本运作，借助资本运作把母子孙公司的三级战略打通、拓宽、做实。

### （四）要提升国有资本运营公司的资本运作能力

提升国有资本运营公司的资本运作能力，要构建致力于长远的资本运作能力提升战略，在战略管控上呈现为本级的生态圈打造能力、产业板块和母子孙三级公司的科技创新、管理创新和战略创新能力。要形成各级国有资本的联动、与政府和各局委办的联动，把“金控”和其他同级国有企业对接，把产业投资和其他国有企业产业投资、民企对接。

## 五、衔接机制：要完善政府与市场之间的衔接机制

国有资本运营公司是介于政府与市场之间的一个中间层和缓冲带，或者称之为“第三种力量”，要完善政府与市场之间的过渡、补偿和衔接机制。在政府和市场之间新设立的国有资本运营公司，其作为“第三种力量”的经济功能就是要把政府的各种公权力、公共产品、保障职能、服务职能、引领职能以及由此衍生出来的规划、政策、服务、财政行为，政府的指挥、资源配置、服务行为以及相关的资源，经过国有资本运营公司的转化，“重组”“异构”成为可以被一般企业消化和接纳的市场化要素。

国有资本运营公司作为政府和市场之间的中间环节，扮演着完成国有资本运作，补偿市场机制不足，填充市场规则不充分，模拟市场手段解决资源与资产难以定价与配置的现状的重要角色，致力于化解政府资源与行政权力转化为市场化资产与商业化商机的难题，促进构建现代经济体系和中国特色现代国有企业制度。①

### （一）要打造流动的资本进退体系

以国有资本保值和增值为目标，盘活公司股权存量和增量，在多层次资本市场上以市场公允价格处置资产。围绕优化国有资本布局，划分多个国有资本运营公司投资领域和经营重点，实现公司间对持有的股权、资产、债券无间隙、无障碍划转。强化出资人职责，加强公司内部控制和防范风险能力，防止国有资本在“流动中”和“运动中”流失。

---

① 上海华彩管理咨询．国有金融资本管理背后的改革——财政系统、国资系统、两类公司改革再出发！[EB/OL]．(2018-09-30)[2019-04-19]．http://3g.163.com/dy/article/DSQ17NRB0519V768.html.

### （二）要构建完善的资本回报机制

在国有资本运营公司出现之前，政府直接做企业该做的事，或者是企业直接做政府该做的事。国有资本运营公司是在中国现行的国家体制中采用的一种新的政策工具，也就是“第三种力量”，国有资本运营公司把政府的各种行为服务和难以被一般企业运营的非市场化、非标准化的资源和资产，转化为可以市场化和标准化的交易、定价、配置、使用的资产或商机。经过国有资本运营公司这一“第三种力量”的协调贯通、中介传导，使得国资国企改革实操完成了市场化、法治化和专业化的“最后一公里”，最终朝着实现“政府做政府该做的事，企业做企业该做的事”的国资国企改革实操目标迈进。

## 六、营商环境：要培育公平竞争的市场化营商环境

企业发展不仅要靠内生动力，也要靠外部环境，内因和外因相结合，企业才能焕发出蓬勃发展的朝气和活力。为了推进国有资本运营管理的市场化、法治化和专业化改革进程，国家要为企业创造良好的发展环境，即良好的营商环境，给予其必要的法律保障和政策支持，提供方便服务，降低国有实体经济企业成本，适当减税、降费，限制政府对国资国企经营决策的干预，让国资国企在市场竞争中可以心无旁骛，真正能够实现运用“市场化、法治化、专业化”手段和工具，求生存、谋发展。国家推动建设适应市场经济要求，“产权清晰、权责明确、政企分开、管理科学”的有中国特色的现代国有企业制度。在市场环境、法治环境下，国资国企与民资民企应当依法公平竞争，并相互支持，互利互惠，共同促进国民经济体系健康高质量发展。① 培育公平竞争的市场化、法治化和专业化营商环境，国有资本的市场化运营、管理和监督才能真正落到实处，国有资本运营公司推进国有资本市场化运营管理的

① 程信和．经济法通则原论[J]．地方立法研究，2019(1)：54－129.

步子才能真正迈开。

## 七、资源配置：要深入推进公共资源配置市场化

理论上，我国设立国有资本运营公司一定程度上嫁接了投资基金中的机构投资者功能，从而实现了平台公司作为企业主体的运作理念市场化、营商环境法治化与操作团队专业化。[①] 国资国企改革的深化，将朝着“国资监管机构—国有资本运营公司—国有企业”三级改革方向发展。国有资本继续控股经营的自然垄断行业，根据不同行业特点放开竞争性业务，推进公共资源配置市场化。[②] 深入推进公共资源配置市场化、法治化和专业化，要考量市场的实际需求和现有供给情况，考量市场化与相关经济体制改革的配套和统一性，确保公共资源配置市场化、法治化和专业化成为国资国企改革的强大动力和活力，同时，要用“法治化”和“专业化”应对和破解“市场化”带来的新问题和新挑战。

## 八、央地互动：深入推进区域性国资国企综合改革试验

2019 年 8 月 18 日《关于支持深圳建设中国特色社会主义先行示范区的意见》提出“支持深圳开展区域性国资国企综合改革试验”，以上海、深圳、沈阳为代表的长三角、珠三角、东北地区，三地同时启动区域性的“国资国企综改试验”，标志着国有资本市场化运营新模式的孕育和孵化开始了，这将成为国有资本市场化运营、管理、监督的新方向。三地试验将推动国资国企改革的动力和活力更强更好，为未来探索和打造国有资本市场化之路提供新模式新思路。例如，上海市探索科技成果分享机制，拓宽外部董事来源渠道等领域改革，重点推进深化经营

---

① 王仲兵. 深化国有企业改革与国有资本出资人制度研究[M]. 北京：经济科学出版社，2018：225.

② 程信和. 经济法通则原论[J]. 地方立法研究，2019(1)：54-129.

性国有资产集中统一监管模式，扩大员工持股试点范围。深圳市着力推进“一类一策”“一企一策”“一项一策”优化国资国企监管模式，探索运用限制性股票、超额利润分享、中长期业绩奖金等多种方式，建立长效激励约束机制，创新管理层和核心骨干持股改革，建立健全国资国企科技创新投入视同利润考核机制。沈阳市积极稳妥推进国资国企混合所有制改革，尤其是母公司层面的混合所有制改革，致力于重点解决国资国企历史遗留问题。

## 第五节　全面加强国有资本运营公司的党建工作

全面加强国有资本运营公司的党建工作，要深刻理解国民经济治理中实施党内法规与实施法律法规的关系。在国民经济治理中必须贯彻依法治国和依规治党的有机统一。对党内某些特定对象进行经济工作问责等纪律处分时，不影响对其追究法律意义上的责任。[①] 从法律属性而言，国有资本运营公司是“国有独资公司”，基于法律意义上的认知，要在国有资本运营公司中全面加强党的领导和党的建设工作。国有资本运营公司的治理结构包括四个层级：公司治理一般规则，国有企业的治理规则，国有独资公司的治理规则，国有资本运营公司的特别性治理规则。

习近平总书记强调，坚持党对国有企业的领导是重大政治原则，必须一以贯之；建立现代企业制度是国有企业改革的方向，必须一以贯之。党的十八大以来，党的领导和公司治理深度融合，96 家中央企业全部完成党建进章程，全部实现党委（党组）书记、董事长“一肩挑”，党建工作逐步从“软指标”变成“硬约束”。[②] 郭树清认为，在国有企业中党

① 程信和．经济法通则原论[J]．地方立法研究，2019(1)：54－129.

② 王仲兵．深化国有企业改革与国有资本出资人制度研究[M]．北京：经济科学出版社，2018：1.

的领导一直发挥着核心作用，把党的领导融入公司治理各个环节是我国公司治理模式最鲜明的特点。深化国有企业改革，必须优化完善公司治理，也要更好发挥党组织的作用，使二者有机融合，相互促进。①

## 一、结构优化：要推进党组织嵌入公司法人治理结构

《中国共产党章程》第三十三条指出，国有企业党委（党组）发挥领导作用，把方向、管大局、保落实，依照规定讨论和决定企业重大事项。国有企业和集体企业中党的基层组织，围绕企业生产经营开展工作。保证监督党和国家的方针、政策在本企业的贯彻执行；支持股东会、董事会、监事会和经理（厂长）依法行使职权；全心全意依靠职工群众，支持职工代表大会开展工作；参与企业重大问题的决策；加强党组织的自身建设，领导思想政治工作、精神文明建设和工会、共青团等群团组织。

《中华人民共和国公司法》第十九条指出，在公司中，根据《中国共产党章程》的规定，设立中国共产党的组织，开展党的活动。公司应当为党组织的活动提供必要条件。

按照《中国共产党章程》和《中华人民共和国公司法》，落实党组织嵌入法人治理结构的法律要求，国有资本运营公司要从嵌入方式与嵌入方面两个角度来全方位思考实施计划与配套制度体系。嵌入方式是指党组织在国有资本运营公司的高层决策程序（或流程）中，以何种方式嵌入决策程序的某个结构或环节当中。从试点企业在本轮国资国企改革中的实践中可以总结出“党委前置＋审议分流”“党委前置＋审批分流”“党政交叉＋共同审批”三种模式。

“党委前置＋审议分流”是较为成熟有效的一种模式，保证了党组

① 郭树清在2019清华五道口全球金融论坛上的发言稿（中国银保监会新闻发言人肖远企在论坛上代念）。

织在企业决策中的重要地位以及与董事会、经理层决策之间保证独立性的要求。国有资本运营公司中涉及国企关键的经营管理事项，以及对国有资本保值增值至关重要的决策，应先由党委会把握方向，再由经理层和董事会进行经营管理审批。

2004 年 10 月 31 日，中央组织部、国务院国资委党委联合发布的《关于加强和改进中央企业党建工作的意见》，提出党组织参与企业重大问题决策，要坚持和完善“双向进入、交叉任职”的企业领导体制。党委的嵌入，强调在国企高层管理者（董事、经理层）审议审批的重要事项中，需要企业党委会先行审议的重大事项。《中共中央 国务院关于进一步推进国有企业贯彻落实“三重一大”决策制度的意见》（中办发〔2010〕17 号）特别强调“三重一大”指国有企业重大问题决策、重要干部任免、重大项目投资决策和大额资金使用。将企业的决策事项细分为：涉及企业中长期重要战略规划的决策；企业经营管理决策；重大人事任免决策；企业重大投资决策；大额资金运作事项等。[①]

2015 年 10 月 31 日，《国务院办公厅关于加强和改进企业国有资产监督防止国有资产流失的意见》（国办发〔2015〕79 号）指出，发挥企业党组织的监督作用。把加强党的领导和完善公司治理统一起来，落实党组织在企业党风廉政建设和反腐败工作中的主体责任和纪检机构的监督责任，健全党组织参与重大决策机制，强化党组织对企业领导人员履职行为的监督，确保企业决策部署及其执行过程符合党和国家方针政策、法律法规。

新中国成立 70 多年来，我国国资国企改革实操走过的历程十分有力地证明：建立现代企业制度和坚持党的领导完全可以兼容。在科学有效制衡机制、利益相关者保护等方面，党的领导和党的建设在公司治理结构中具有独特优势。党组织坚持集体领导指挥，党委会、董事会、监

① 睿信咨询．国有资本投资运营公司改革的法人治理结构体系建设[EB/OL].（2017－08－11）[2019－04－18]. http://www.sohu.com/a/163831588_209020.

事会成员也有交叉任职，能够更好地防止内部人控制、大股东操纵和董事履职不充分，独立董事不独立等问题。[①]

## 二、融合创新：要推进党建与企业运营管理融合创新

### （一）党建理论与国有资本运营管理理论的融合

理论融合，主要解决理念和认知问题以及共同理论基础的问题。党建理论与国有资本运营管理理论的融合，强调党建理论与国有资本运营管理理论从源头上进行基础理论融合，将马克思主义党建理论和马克思主义国有资本运营管理理论进行融合式研究和创新应用。将两个理论进行一体化学习，结合实践学，结合实践用，结合企业改革有序推进，在国有资本运营公司管理实践中整体性认知、一体化推广与实操应用，实现国资国企改革理论与实操的融合与创新。

### （二）党的组织与国有资本运营管理组织的融合

党的组织与国有资本运营组织在企业机构设置、岗位配备等方面进行融合，"支部建在业务部门"，企业业务部门要有支部，支部工作要和业务工作同部署、同落实，以业务工作促党建，以党建工作促业务，用"人"的融合体现党的组织与国有资本运营管理组织的融合。组织的融合在现代企业管理组织行为学意义上非常值得深入探讨，"人"的融合既是组织融合的起点，又是组织融合的终点和目标。

### （三）党建考核与运营绩效考核的融合

引入第三方机构开展绩效考核，强调企业考核的"法治"，有意规避"人治"，保证绩效考核的公平公正和科学指导性，发挥鼓足干劲、激发活力、增强动力的驱动作用。国有资本运营公司建立财务管控模

---

① 郭树清在2019清华五道口全球金融论坛上的发言稿（中国银保监会新闻发言人肖远企在论坛上代念）。

式，对所持股企业考核侧重于国有资本流动和保值增值状况。党建考核与运营业绩考核要统筹考核，建立“大考核”实施细则，对于企业领导人员的考核要制定“大考核”标准和细则，国资委、国有资本运营公司总部要分别设立“大考核机构”，党建考核和运营管理绩效考核是一套文件、一套标准、一套人马，考核结果由“大考核机构”统一实地考核、统一出考核结果，党建考核和运营管理绩效考核人员专职化，具体考核人员只负责统计资料、打分，由第三方机构①负责统筹、核算考核分数、业绩，确保考核结果的公平公正，打破企业考核“人治”痕迹过重的弊端，强调“法治”，业绩考核的“法治化”和“专业化”是建立中国特色现代国有企业制度的重要基石。

实施党建考核与运营管理绩效考核的融合式绩效评价。国有资本运营公司要接受政府或国资监管机构的综合业绩考核评价。业绩考核评价内容主要包括贯彻国家战略、落实国有资本布局和结构优化目标、执行各项法律法规制度和公司章程，重大问题决策和重要干部任免，国有资本运营效率、保值增值、财务效益等方面。将国有资本保值增值率、股东总回报率、经济增加值、资产证券化率等财务类指标和资产配置、社会责任等非财务类指标相结合。根据不同类型公司特点确定不同比重。调整业绩考核周期，以任期考核为主，年度考核为辅。在业绩考核体系设置中要将党建考核和国有资本运营管理绩效考核融合起来进行综合业绩考核。

### （四）党务人才与运营管理人才的融合

#### 1. 打通党务人才和运营管理人才的职业通道

从人力资源管理和人才学的意义上来认知，在国资国企管理实践中探讨推动打通党务人才和运营管理人才的职业通道。国资国企党务人才和运营管理人才的交流任职，优秀的中高层党务人才进入同等职务层级的运营管理岗位工作，优秀的中高层运营管理人才进入同等职务层级的

① 独立于国资委、国有资本运营公司的非利益相关方。

党务岗位工作，双向交流任职，对于打通国资国企党务人才和国资国企运营管理人才的职业通道十分有帮助。

2. 党务人才和运营管理人才交流任职培养

国资国企会聚了大批优秀的党务人才和运营管理人才。长期以来，国资国企在选人用人机制方面存在的弊端，以及传统“人治”思想在国资国企选人用人方面残留的各种负面影响，使得人才的选拔受到了极大限制，借助本轮国资国企改革实操予以破解十分必要。国资国企党务人才和运营管理人才交流任职，需要注重培养人才，培育人才交流任职、成长的人才环境，国资国企要将党务管理人才和运营管理人才统一纳入同一国资国企领导人员培养体系，在党务管理人才培养中纳入运营管理理论和实践，在运营管理人才培养中纳入党务管理理论和实践。

## 三、党建引领：要创新国有资本运营公司管控模式

### （一）要完善国有资本运营公司监督体系

整合出资人监管和审计、纪检监察、巡视等监督力量，建立监督工作会商机制，按照事前规范制度、事中加强监控、事后强化问责的原则，加强对国有资本运营公司的统筹监督，提高监督效能，将对于企业的监督效能转化为国资国企的生产力。

纪检监察机构要加强对国有资本运营公司党组织、董事会、经理层的监督，强化对国有资本运营公司领导人员廉洁从业、行使权力等的监督。国有资本运营公司要建立内部常态化监督审计机制和信息公开制度，加强对权力集中、资金密集、资源富集、资产聚集等重点部门和岗位的监管，在不涉及国家秘密和企业商业秘密的前提下，依法依规、及时准确地披露公司治理以及管理架构、国有资本整体运营状况、关联交易、企业负责人薪酬等信息，建设阳光国企，主动接受社会监督。

## （二）要优化国有资本运营公司融合管控

国有资本运营公司四个常见基本板块是“金控”、产业投资、国资国企改革和资产管理板块。对于这四个基本板块，国有资本运营公司在管控实操中需要采用个性化、差异化的管控模式，最终指向融合管控模式。国有资本运营公司融合管控模式的核心是：正面清单 + 负面清单 + 促进子公司制度建设与国资国企发展质量效益效率全面提升。

国有资本运营公司行使类似“小国资委”的职能，即正面清单 + 负面清单 + 促进子公司各类制度的健全性建设与国资国企发展质量效益效率全面提升。母公司主要管控内容是在子公司遵循正负面清单的大背景下，进一步检查子公司制度完整与否，有效与否，制度遵循得怎么样。国有资本运营公司的母公司与子公司的关系是以自主运作为主，母子互动为辅。母公司有资本收益和投资回报的要求；子公司的自主性比较强，母公司的干预比较少。

国有资本运营公司的融合管控模式，是政府管理、公共管理、公共经济、公共事业管理、公共企业管控、现代企业治理的中国化。

国有资本运营公司是一个组织性政策工具，它更适合于为生产和提供公共产品、公共服务的公用事业与公共企业服务[①]，并且适合于为党政机关和事业单位经营性国有资产集中统一监管改革范围内的企业服务。[②] 党的建设将引领国资国企管控模式的优化与变革，必须从理论和实践两个层面做好“六个有机融合”。

一是党的领导和建设与国有资本运营管控是有机融合的。《国务院关于推进国有资本投资、运营公司改革试点的实施意见》（国发〔2018〕23 号，以下简称《意见》）中突出强调，国有资本运营公司改革试点必须要坚持党的领导，建立健全并规范中国特色现代国有企业制

① 即公用事业类的企业。

② 曹继东. 创新国有资本运营公司管控模式[J]. 中国电力企业管理，2019(2)：88－89.

度。在国资国企管控实践过程中，明确和落实党组织在公司法人治理结构中的法定地位，注重协调国资国企管控市场化和行政化之间的关系，将各类组织性政策工具与国资国企运营面临的实际市场情况相结合，推动和促进国资国企发展，形成强大活力。①

二是党组织、董事会、经理层、纪检监察、审计监督、政府监督、巡视监督、社会监督的有机融合。《意见》中指出，国有资本运营公司设立党组织、董事会和经理层，充分发挥党组织的领导力、董事会的决策力、经理层的经营能力。在实际管控中要理顺三者之间的关系，构建并强化纪检监察监督、审计监督、巡视监督、政府监督和社会监督有机融合的综合体系，形成国有资本运营公司管控合力。②

三是市场供给和公共产品与公共服务提供有机融合。公共交通、石油、水电气热等公共物品、公共产品和公共服务的市场供给和提供是关系国民经济的命脉，是关系民生的根本问题。国有资本运营公司作为政策性工具既能够确保其市场供给，又能够确保其公共性不受影响，将市场供给和公共产品与公共服务有机结合。③

四是资源配置和国有资本效益、效率最大化的有机融合。国有资本运营公司的主要工作任务就是对国有资产进行投资经营及资产的流动和重组，通过资本运作对国有资产进行有效快速配置。在国资国企管控实践中，要注意研究解决国有资本跨区域、跨行业和跨系统有效、有序、有利流动，研究解决国资国企不良资产处置与人员安置的有效机制、稳妥方法和法律保障。④

五是市场化与国有资本运营公司管控的有机融合。国有资本运营公司管控从需求、资源和关系的视角来看，既保障了公共利益，又解决了法治化、市场化和专业化的问题，国有资本的高效运作、存量盘活和聚集运营有助于促进市场化与国有资本运营公司的融合发展。⑤

---

①②③④⑤ 曹继东．创新国有资本运营公司管控模式[J]．中国电力企业管理，2019(2)：88－89.

六是公共利益和国有资本保值增值的有机融合。国有资本运营公司这一政策工具要服务和保障公共利益，这是它的重要任务和历史使命。国有资本运营公司建立财务管控监督体系，对持股企业考核侧重于国有资本流动和资本保值增值情况。试点企业设立的国有企业结构调整基金和国有资本风险投资基金，以基金创新重构价值链，实现国有资本结构优化和积极提升国有资本的影响力和控制力。①

在全面深化改革的大背景下，国有资本运营公司同时还成为过渡性和探索性的政策性工具，必须深入贯彻落实党中央、国务院的相关要求和部署，必须优化和变革国资国企管控模式，必须充分考虑社会效应、公共利益和经济效益的有机融合，必须服务于最广大人民群众的根本利益。面向未来改革的国资国企需要充分发挥这一组织性政策工具的关键性作用，全面提升国资国企的综合管控能力，确保管控实现效益最大化，即企业利润和市场效益的最大化、沟通成本的最低化，从根本上提升国有资本的运营效率，盘活国有资产的存量，保证实现国有资本的保值增值和企业资本的合理流动。②

## 第六节　培育具有企业家精神的国有资本运营企业家

### 一、要培育具有全球竞争力的世界一流企业

#### （一）世界一流企业成就具有企业家精神的企业家

党的十九大报告首次提出，“推动国有资本做强做优做大；培育具有全球竞争力的世界一流企业”。同时还指出，要培育具有全球竞争力的世界一流企业，要求国资国企力争建设成为一批在国际竞争中资源配置能够占主导地位的领军企业，力争建设成为在全球行业发展中有引领

①② 曹继东．创新国有资本运营公司管控模式[J]．中国电力企业管理，2019(2)：88－89.

作用的龙头企业，以及在全球同行业发展中有着实力话语权和影响力的国际一流企业。国有资本运营公司的出现是为了推动国有资本做强做优做大，更是为了培育具有全球竞争力的世界一流企业。

按照全球企业管理界的通识，“世界一流企业”是指在实现可持续发展中具有全球竞争力的企业。考量“世界一流企业”，通常从“品牌形象、产业地位、资本市场、规模水平、空间范围、时间跨度”等六个方面切入。罗虎在2017年撰文指出，“世界一流企业”通常能够提供渗透社会和民生的高品质产品或服务，有一定品牌效应，有全球性的忠诚用户群体；有一定执掌企业秩序和引领同行业的产业地位，具有独特的发展战略和商业模式，对于本行业的技术领域和商业模式的创新变革做出了杰出贡献；在世界一流的企业中，公司员工也同样具有高度职业化，同样是同行业遵守社会规范和道德准则的榜样；在面对国际资本市场上的竞争中，世界一流企业的整体运作规范，皆是享誉世界的名牌公司；世界一流企业大多都具有居于世界前列的公司市值、资产规模和营业收入；在全球化经营方面，有着持续经营历史的世界一流公司，具备很高的国际化水平，它们有着久经考验的生存和发展能力。①

世界上普遍一流企业的成长历程，都是在不断的优胜劣汰中挑选优秀的企业家，他们充分利用资本市场聚集资本，拓展最有规模和盈利能力的产业，充分整合并利用该产业的上下游资源，持续不断地对技术和管理进行迭代更新，这是一个不断创新的动态过程。②“世界一流企业”的成长经历，既是企业家们不断优胜劣汰的过程，也是企业家们自身锻炼成长的过程。能够与世界一流企业同步成长的企业家，将是非常幸运的企业家，也十分有可能成长为具有企业家精神的企业家。

---

①② 罗虎．建设具有全球一流竞争力的企业[EB/OL]．(2017-12-12)[2019-04-18]．http://baijiahao.baidu.com/s?id=1586509078923326861&wfr=spider&for=pc 证券时报．

### （二）具有企业家精神的企业家成就世界一流企业

“企业家”这一概念由法国经济学家理查德·坎蒂隆（Richard Cantillon）在1800年首次提出。即：企业家使经济资源的效率由低转高；企业家精神则是企业家们精神技能和技巧技能特殊方面的集合。企业家精神是指企业家们组织建立和经营管理企业的综合才能的集中体现，是一种非常重要而特殊的无形资本，也是重要而无形的生产要素，特指某些人所具有的组织土地、劳动及资本等资源用于生产商品、寻找新的商业机会以及开展新的商业模式的特殊才能。[①]

企业家精神包括文化传承、社会责任感、创新精神、品德、执行力、承担责任、抓好服务、胸怀、团结、批评等多个方面。企业家精神是善于发现、勇于创造的职业素养，是善心善为的社会责任感。品德是企业家要具备的第一标准。责任是企业家最基本的职业品格，最起码的职业精神和企业道德。企业家要团结所有人为了同一个目标而努力奋斗。

具有企业家精神的企业家的出现，成就的是具有全球竞争力的世界一流企业。具有企业家精神的企业家，汇聚起最强大的人力资本、社会资本、国有资本，顺应民心民意，踩准国际发展大势，迎难而上，做好资源整合、产业整合，有效解决了国有资本运营、管理、监督的质量、效益、效率问题。

## 二、要培育具有企业家精神的国有资本运营企业家

中共中央、国务院《关于营造企业家健康成长环境弘扬优秀企业家精神更好发挥企业家作用的意见》首次以专门文件的形式明确企业家精神的地位和价值，专门提出了“国有企业家”和“党员企业家”

---

① 企业家精神[EB/OL]. https://baike. baidu. com/item/%E4%BC%81%E4%B8%9A%E5%AE%B6%E7%B2%BE%E7%A5%9E/53759? fr = aladdin.

的概念，论述了“党员企业家”的特定职责，强调切实发挥“党员企业家”先锋模范作用。“国有企业家”要更好肩负起经营管理国有资产、实现保值增值的重要责任，要自觉做履行政治责任、经济责任、社会责任的模范。要培育具有企业家精神的国有资本运营企业家，就是要培育大批优秀的“国有企业家”和“党员企业家”，激发“国有企业家”服务党、服务国家、服务人民的担当精神。

### （一）要培育企业家健康成长的营商环境

1. 改革国企负责人选聘方式，拓展企业家精神生长空间

国资国企负责人的选聘要市场化、社会化、法治化、专业化、公开化、公平化，择优选用，以德为先，建立公平的选拔机制，让真正有全心全意为人民服务情怀且熟悉市场的企业高级管理人才脱颖而出。改革国资国企负责人行政任命的单一产生方式，试点多元化的国资国企负责人产生方式，大力拓展选人用人的视野。国资国企负责人产生途径的多元化，将会激发“国有企业家”服务党、服务国家、服务人民的担当精神，将会促进和保障国资国企决策受到较少的非市场因素影响，有利于国资国企科学决策、长远发展，有利于企业家精神的培育和弘扬。

2. 构建“清、亲”政商关系，赋予企业家以精神正道

持续加大反腐败力度，持续保持反腐败的震慑力，为企业家期盼的法治经济“保驾护航”，营造正当、良好的“清、亲”政商关系，呵护企业家精神长期成长。市场化、法治化、专业化是构建“亲”“清”政商关系的基础条件。从源头上遏制公权力深度介入市场经济领域，构建“清、亲”政商关系，将潜规则通过法治治理逐步消灭，让企业家毫无顾忌地依靠奋斗和创新谋求企业发展，不断开创企业可持续发展的良好营商环境。

3. 塑造良好社会文化生态，厚培企业家精神土壤

培育企业家精神，是一项长期、系统的社会文化工程，要改变的是数千年来“士、农、工、学、商”的传统偏见，“商”不再是社会的末流，而成为社会的主流和精英，这需要引导民众理解企业家在市场经济中的重要作用和社会价值。企业家承担了普通劳动者难以承受的工作强度、压力和风险，企业家的创新给社会带来了巨大的收益，应该得到市场和社会的回报，获得社会公众的广泛认可和尊重。特别是“国有企业家”和“党员企业家”，需要那些真正具有全心全意为人民服务情怀的企业家来担当大任，才能真正确保国资国企改革成功。要以强化忠诚意识、拓展世界眼光、提高战略思维、增强创新精神、锻造优秀品行为重点，加快建立健全“国有企业家”和“党员企业家”培育培养和培训体系。

### （二）要培育具有企业家精神的国有资本运营企业家

企业家精神是国资国企供给侧结构性改革的重要内容，国有资本运营企业家是真正具有全心全意为人民服务情怀、勇于且善于面对行政权力和市场经济合体的集“经济人”和“政治人”于一身的国资国企高管。具有企业家精神的国有资本运营企业家，是党领导下的国有企业家在经济领域长期工作中涌现出来的精英，能够融合党的思想、智慧和经济管理经验，融合中华民族的传统美德，融合全球领导力智慧，融合市场实际，融合企业可持续发展的战略，融合资本运作的能力，在国有资本运营公司实践中，经过历练，逐步成长起来的具有企业家精神的国有资本运营企业家。具有企业家精神的国有资本运营企业家，符合“对党忠诚、勇于创新、治企有方、兴企有为、清正廉洁”的标准，既能够承担商业风险，还能够承担政治声誉、社会声誉以及职业声誉的巨大压力。在国资国企改革实践过程中，要持续加强对国有企业家坚持党的领导、主动抓企业党建意识的培养，管好、建好、用好，争取把国有企

业家们培养成为一支“对党忠诚、清正廉洁、敢于创新、兴企有为、治企有方”的“国有企业家”，并发展为成熟的“党员企业家”队伍。具有企业家精神的国有资本运营企业家的识别、选拔、培育、成长、成熟之路是漫长的，具有全心全意为人民服务的情怀是其判断识别的显著特征，可以预见只有少数企业家能够在风云变幻的市场、资本、国内外大势中脱颖而出、出类拔萃，成长为真正具有企业家精神的国有资本运营企业家。

综上所述，基于自然的传承、历史的积累、文化的积淀、政权的更迭以及改革开放以来我国国有经济及国资国企的飞速发展，我国聚集了巨大的国有资本、国有资产和国有财富。[①] 我国国有资产分布广泛，经营性资产、资源性资产、行政事业性资产种类繁多。经营性国有资产比重高，行政化、政策化管理盛极一时，当前，法治化、市场化、专业化改革取向也非常明确。盘活、用好国有资本，盘活存量、用好增量是设立国有资本运营公司的历史使命。[②]

国资国企改革进程是动态的、变化的、发展的过程，随着国内外形势的变化、人们认识的发展、政策的调整、理论和实践的不断突破，国有资本运营公司应运而生。在国资国企改革实践中，“立法”“政策”“授权”“市场化”“党建”和“企业家”是提升国有资本运营管理效益的六个有效改革工具，六个方面互相支持、互相作用，形成整体合力，共同作用于国有资本运营管理，全面提升国有资本运营管理质量、效益、效率。这将标志着我国国资国企改革迈出了具有里程碑意义的一大步。

---

①② 李懿哲．国有资本投资运营公司法律问题研究[J]．科学与财富，2018(8)．

第三篇

# 案例解读[1][2][3][4][5]

---

① 国务院国资委改革办．改革实践——国资国企改革试点案例集［M］．北京：机械工业出版社，2019.

② 本书编写组．国企改革若干问题研究［M］．北京：中国经济出版社，2017.

③ 国务院国资委改革办．国企改革探索与实践——地方国有企业100例（上、下）［M］．北京：中国经济出版社，2018.

④ 国务院国资委改革办．国企改革探索与实践——中央企业子企业150例（上、下）［M］．北京：中国经济出版社，2018.

⑤ 国务院国资委改革办．国企改革探索与实践——中央企业集团15例［M］．北京：中国经济出版社，2018.

| 第六章 |

# 国有资本运营公司价值管理模式案例分析

## 第一节　中国诚通重组中国寰岛集团公司案例

### 一、案例背景

中国寰岛集团公司（以下简称“寰岛集团”）的前身是成立于1988年的海南寰岛旅游房地产开发总公司，1992年经国家经贸委批准成立集团公司，1999年中国京安总公司、中国消防安全工程总公司和华夏消防（集团）有限责任公司并入寰岛集团。由于寰岛集团原为部委自办企业，设立之初资本金严重不足，加之后期投资过度分散，主营业务竞争力持续弱化，在激烈的市场竞争中面临被淘汰的危机。截至2004年底，寰岛集团资产负债率高达93%，净资产为-1.23亿元，累计亏损近2亿元，同时存在各类诉讼案件10多起，涉诉金额2亿多元。虽然通过采取自救措施，寰岛集团缓解了生存压力，但由于受企业人员过多、历史包袱沉重、企业管理不规范、经营资金短缺等因素困扰，尤其是陷入4.5亿元金融债务的困境，使得其优质资产——寰岛大酒店面临司法拍卖的风险，寰岛集团经营举步维艰、深陷债务泥潭，生存形势极为严峻。

## 二、重组经历

2006年8月，根据国务院国资委通知，寰岛集团由中国诚通控股集团有限公司（以下简称中国诚通）整体接收并成为其全资子企业。中国诚通接管寰岛集团后，按照“快速债务重组、盘活存量资产、清退低效无效资产、实施改革重组、培育孵化优质资产并实现资产证券化”的工作思路，以改革重组为主线，区分不同阶段制订工作方案并推进实施，加快寰岛集团资产处置和遗留问题解决。2007年8月，寰岛大酒店与其他6项资产“捆绑打包”成功转让给中国诚通，回款1.9亿元，实现了国有资产保值增值。此次重组，通过转让、改制、注销等方式清退关闭困难企业27户，平稳安置分流职工2000余人。2009年，中国诚通抓住海南“国际旅游岛”建设上升为国家战略的重大机遇，积极支持寰岛集团孵化并做大做强其海上旅游项目——三亚亚龙湾国家旅游度假区的海上旅游项目和五星级度假酒店等优质旅游资源。同时，寰岛集团借助中国诚通境外资产证券化平台——诚通香港公司，通过内部重组的方式实现资产境外上市。具体为，依据境内外法律法规的规定，首先通过诚通香港公司将寰岛集团全资子公司寰岛国际的资产合法注入寰岛香港，完成境外注资。然后，2012年12月，通过诚通集团香港上市公司定向发行股票的方式，完成了寰岛集团有效资产的境外上市，至此中国诚通对上市公司的持股比例由54.91%增至61.22%，在进一步增强对上市公司控制权的同时，实现了上市公司资产和业务规模的扩充，也探索了国企摆脱困境实现优质资产证券化的路径。

中国诚通重组寰岛集团的过程中，发挥资产经营公司平台的专业化优势，通过资产经营孵化形成有效资产并与优质资产进行重组整合，借助系统内上市公司平台实现资产证券化，突破了传统的困难企业采取改制、拆分或国有资本退出等资产经营模式，拓宽了资产经营运作的渠道，实现了资产经营与资本运营的良性互动，实现了实体企业与资本市场的有效对接，对新形势下科学有效地发挥国有资本运营公司平台作用，更好地服务新一轮国资国企改革，不断提升国有企业经营质量和经济效益，打造具有国际竞争力的一流公司具有良好的借鉴意义。

## 第二节　中国诚通重组旗下5家资产经营类公司案例

### 一、案例背景

2009年12月30日，中国诚通为贯彻落实国务院国资委“做强主业增实力”要求，集成资源优势，打造功能完备、高效的专业化资产经营平台，实现做大做强目标，决定以2009年12月31日为时点，自2010年4月起，以中国新元资产管理公司（以下简称“新元公司”）为主体，对所属中资公司、诚通再生、新华通公司和中物信息公司5家资产经营类公司实施并入式重组，打造全新的资产经营平台——中国诚通资产管理公司（以下简称“诚通资产”）。截至2009年底，5家公司总资产18.23亿元，负债16.82亿元，人员9138人（包括离退休、内养等保障性人员8012人），三级及以下企业107家。

### 二、重组经历

2010年6月起，诚通资产在中国诚通指导下，超前谋划，克服诸多困难，调动优势资源，在半个月内完成了公司名称变更，1个月内完成证照申领，2个月内完成了新公司挂牌，3个半月实现了3家公司总部职能部门的合署办公。2010年12月底，以中物信息公司改造为诚通资产物业管理中心为标志，5家公司正式撤销，提前半年实现了中国诚通董事会确定的“以一年为期撤销五家公司”的重组目标。截至2011年5月，先后完成了5家公司机构合并、18名原企业领导班子成员安置；5家公司总部经两轮瘦身、优化，减员幅度60%以上，统一了薪酬福利标准；整合形成了北京、东北、中南、四川、陕西、海南 6 家区域公司及 18 个“三类人员”管理工作站点，形成了具有弹性化特征的资产经营队伍，统一的资产经营操作平台搭建完成。

截至 2017 年底，诚通资产共清退困难企业 36 户、完成资产处置 54 项，分流安置员工 500 余人，累计实现现金回款 7. 4 亿元，溢价 0. 7 亿元，为 7000 名离退休人员提供了有效保障，为中国诚通其他企业健康快速发展提供了支撑；积极探索境外资本市场的资产经营路径，参与重组香港一家上市公司并成功退出，实现收益 1. 08 亿元，年化净资产收益率超过 70%；采取“预分红”方式提升投资的房地产项目管理，获收益 0. 3 亿元，为原始投资的 13. 8 倍；直管平台费用支出与重组上年同口径相比，节约近 7000 万元，重组效益明显，为中国诚通总结提升资产经营试点工作经验、推进国有资本运营试点提供了有力支撑。

2017 年，诚通资产在中国诚通支持下，发起设立了首只由央企参与的、总规模 100 亿元的市场化不良资产投资基金——诚通湖岸基金，首期 20 亿元资金成功封闭。截至 2018 年底，已签约 16. 62 亿元，交割 14. 42 亿元，重点投向银行不良资产和中央、地方企业债务重组，截至目前债转股业务也正在开拓中。

中国诚通所属 5 家资产经营类公司的并入式重组，解决了系统内资产经营公司同质化竞争和无序经营及“小散弱”“不经济”等问题。通过重组，提高了资源配置和使用效率，增强了专业化资产经营功能和核心竞争力，提升了内部协同效应。特别是与业内优质企业合作，发挥央企和社会资本共同优势，设立不良资产投资基金，参与金融不良资产业务的开展，不仅开拓了央企参与金融不良资产收购处置的路径，还为在新一轮国资国企改革中利用市场化手段开展国有企业债务重组、服务实体企业、提升经营质量提供了示范。

## 第三节　中国诚通托管华诚公司案例

### 一、案例背景

华诚投资管理有限公司（以下简称“华诚公司”）成立于1996年11月，股东11家，为中央一级企业，本部为管理机构。截至2005年底，华诚公司合并报表资产总额58.5亿元，负债总额57.1亿元，负债率98%，扣除未处理的不良资产和近17亿元潜亏后，实际净资产-16亿元。共涉及400多起诉讼案件，标的额近40亿元，且母子公司法律责任缠绕相互牵连，法律风险极高。

### 二、托管经历

2007年1月，经国务院批准，国务院国资委等四部委联合下发《关于华诚投资管理有限公司实施整体破产有关问题的通知》，对华诚公司实施政策性破产有关工作作出了明确规定。2008年8月，华诚公司将3个纺织集团移交地方管理，为此中央财政给予其拨款50.7亿元。

2008年9月，中国诚通根据国务院国资委通知，正式对华诚公司实施托管。中国诚通托管华诚公司后，按照国务院国资委要求，以2009年5月31日华诚公司债权人“暂缓受理、暂缓审理、暂缓执行”对华诚公司财产进行司法追索的截止日为时点，区分进入司法程序前后两个阶段，着手准备华诚公司本部政策性破产的各项工作。中国诚通首先将重点放在妥善安置华诚公司总部38名员工这一难题上，针对华诚公司总部员工原待遇高、年龄偏大等特点，通过耐心细致的思想引导和解决实际问题相结合，在国家政策允许范围内综合运用中央和地方政策，确定了解除劳动合同、内退、内部调整等7种安置途径。分流安置方案得到了普遍认可并顺利通过职工大会审议，全部职工于2009年3月16日前完成了安置，为按时进入破产程序奠定了基础。

华诚公司进入破产程序后，中国诚通面临华诚公司因重大债务和诉讼，其持有的华纺股份在上市当日即被6家法院冻结；华纺股份因其子公司华纺银华无力偿还逾期贷款而承担1.1亿元担保责任，遭遇被金融机构提起诉讼、账户被法院查封、资金链断裂等困境。在法院的支持下，中国诚通及时调整了破产管理人并加强工作指导，通过一年多的艰苦协调和谈判，最终金融机构撤诉并解除账户冻结；同时提供不压缩规模的转贷支持，争取到地方政府的4000万元扶持资金，降低债务和担保逾2亿元。经与北京市高院、北京市第二中级人民法院、上海证券交易所和中国证券登记结算公司反复沟通争取，2010年7月北京市高院解冻了华诚公司持有华纺股份股权及孳息，为后续依法处置破产财产扫清了障碍，实现了无缝衔接。中国诚通在北京市第二中级人民法院、国务院国资委、山东证监局、上海证交所及山东滨州市政府等的支持下，广泛听取各方债权人意见，几经专题研究分析对比，先后召开四次债权人会议，最终确定了“股权分配”的破产财产分配方案，将华诚公司持有的华纺股份全部股票分配给债权人，实际清偿金额以人民法院裁定认可的财产分配方案后60个交易日的平均收盘价计算。2012年8月，此方案获得出席会议有表决权的债权人100%通过，将华诚公司主要破产财产华纺股份8474.2万股股权直接分配给债权人，一次性实现了一般企业破产程序中的破产财产变现和清偿，变现资金4.8亿元，破产债务清偿率达28.21%。2012年12月12日，北京市第二中级人民法院正式下达裁定，华诚公司破产程序终结，破产工作圆满收官。

中国诚通托管华诚公司，历时4年多，最终华诚公司整体实现平稳退出，破产程序顺利终结，获得了社会各方认可，标志着全国首例中央一级企业整体政策性破产工作顺利完成。这一中央一级企业政策性破产工作的结束，充分证明破产重整亦为国有企业改革重组的有效举措，为推进国有企业改革和发展提供了实践和探索，对于清理低效无效资产、推进国有企业经济布局和结构调整有较好的示范作用。

## 第四节 国投公司托管中国高新案例

### 一、案例背景

中国高新投资集团公司（以下简称“中国高新”）成立于1987年，主要从事高新技术实业投资和相关贸易与服务。2008年6月，其控股的上市公司高新张铜股份有限公司（以下简称“张铜”）因涉嫌发布虚假业绩预增公告，被证券监管部门立案调查，随后被14家银行追债，造成资金链断裂、资产被查封，经营瘫痪。同时中国高新因为逾期约8亿元本金的贷款担保被追索，账户和资产被冻结。随后张铜被ST，中小股东提起集体诉讼提出巨额索赔。此举不仅造成中国高新近20亿元的直接损失，还面临股票退市风险，已远超企业承受和处置能力，给企业带来灾难性危机的同时，也对资本市场产生了重大负面影响。

### 二、托管经历

国家开发投资公司（以下简称“国投公司”）是国务院国资委确定的国有资产经营试点企业，根据国务院国资委通知，2008年9月对中国高新实施托管。国投公司托管中国高新后，提出“先改革后划转，先机构后其他，先过渡后整合”的工作思路，以化解张铜危机和推进中国高新改革为主线，实现中国高新重组的目标。通过引入江苏沙钢集团作为战略投资者，制订由张铜发行股份向沙钢购买淮钢特钢63.79%股权的资产重组方案，并于2010年12月通过审核，对张铜进行了重组，圆满解决了危机。与此同时，国投公司对中国高新实施了系统、全面、深入的改革，调整了领导班子组成和职能及业务部门设置，压缩部门设置，制订了三年非主业和低效资产退出计划，确定了将中国高新打造成为具有独特优势的国有创业投资公司的新定位。张铜危机化解后，中国高新负债率由 2008 年的 44. 56% 下降到 2010 年的 19. 6% 。国投公司通过对中国高新实施改革，中国高新所属企业由 2008 年的 30 家减少至 2012 年的 3 家，形成了以创投为中心的资源配置新格局。中国高新的利润由 2008 年亏损近 5 亿元到 2010—2012 年分别盈利 1. 8 亿元、2. 5 亿元和 3 亿元。通过托管重组改革，国投公司在较好地维护了股东和员工利益、维护了资本市场和社会稳定的同时，推动了中国高新的成功转型，实现了国有资产的保值增值。

国投公司托管重组中国高新，以化解张铜危机为突破口，成功重组张铜，在彻底解决中国高新危机的基础上，推动实施改革，使其步入良性发展轨道。张铜重组也为探索以资产经营优势企业推进困难企业重组提供了宝贵经验，该项目在深交所 2010 年保荐工作评比中获保荐项目创新奖，成为国内资本市场一举多赢的成功案例。

# | 第七章 |

# 国有资本运营公司股权运作模式案例分析

## 第一节　中国国新接收宝钢股份公司股权案例分析

### 一、案例背景

1. 中国国新基本情况

中国国新控股有限责任公司（以下简称“中国国新”），于2010年经国务院批准设立，是由国务院国资委履行出资人职责的国有独资公司和国家授权的投资机构，是国有资本运营公司试点企业。进行国有资本运营公司试点是国务院国资委推进国有经济布局结构调整优化的一项重要举措。2010年12月，中国国新设立时的注册资本为45亿元人民币。2013年8月，国务院国资委为发行人增加注册资本至75亿元人民币，2014年5月增加至115亿元人民币。2014年12月发行人实收资本增加至155亿元人民币。截至目前，注册资本无变化。中国国新控股股东和实际控制人均为国务院国资委，其产权控制关系及组织结构如图7-1、图7-2所示。

中国国新是专门从事国有资本经营和国有股权管理的专业性公司，是国务院国资委推进中央企业股份制改革和布局结构调整的重要平台，是实施中央企业国有资产整合和国有资本运作的操作主体，是具有投资功能的天然的国有资本运营公司。

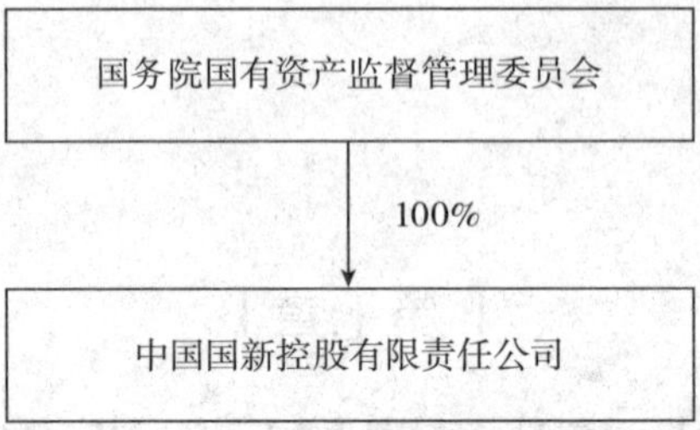


**图 7－1　中国国新产权控制关系**

资料来源：作者整理绘制。

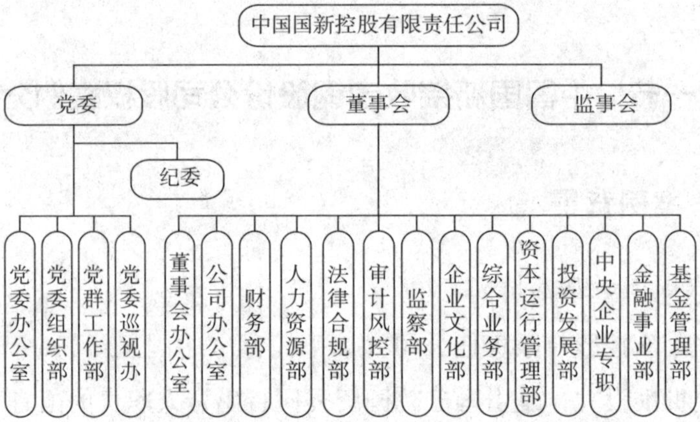


**图 7－2　中国国新组织结构**

资料来源：中国国新控股有限责任公司官网。

中国国新设立“董事会—监事会—总经理”三级治理结构，引入多位外部董事的董事会结构规范公司治理。在现行有效、权责分明的公司治理机制下，牢牢把握国有资本运营公司功能定位，坚持以优化中央企业国有资本布局结构、提高国有资本配置和运营效率为中心，聚焦服务和支持中央企业改革发展，致力于成为中央企业的资本、金融综合解决方案服务商。重点围绕股权运作、基金投资等板块公司，“以客户为中心”建立健全业务协同工作机制和管控体系。

中国国新 2016—2018 年主要财务数据如表 7－1 所示。

**表 7－1　中国国新 2016—2018 年主要财务数据**

| 项目 | 2018 年 | 2017 年 | 2016 年 |
|---|---|---|---|
| 总资产/亿元 | 3806. 19 | 2751. 42 | 2181. 54 |
| 净资产/亿元 | 2118. 83 | 1498. 71 | 1369. 58 |
| 资产负债率/% | 44. 33 | 45. 53 | 37. 22 |
| 营业总收入/亿元 | 45. 95 | 16. 57 | 129. 36 |
| 净利润/亿元 | 71. 89 | 60. 12 | 40. 20 |
| 归属母公司股东的净利润/亿元 | 16. 10 | 3. 80 | －5. 74 |

资料来源：中国国新审计报告。

2. 宝钢股份基本情况

宝山钢铁股份有限公司（以下简称“宝钢股份”），于 2000 年 2 月由上海宝钢集团公司独家发起创立，注册资本金 106. 35 亿元人民币。宝钢股份 A 股于 2000 年 12 月 12 日在上海证券交易所上市交易。实际控制人是国务院国资委，控股股东是中国宝武钢铁集团有限公司（以下简称“中国宝武”）。截至 2019 年 3 月末，宝钢股份产权控制关系如图 7－3 所示。

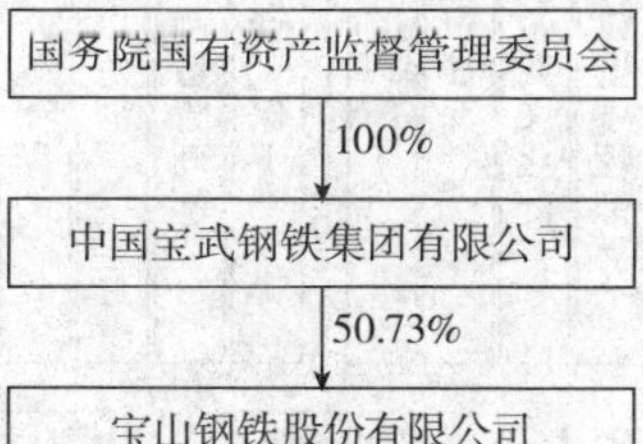


**图 7－3　宝钢股份产权控制关系**

资料来源：笔者整理绘制。

截至 2019 年 3 月末，宝钢股份前十大股东明细如表 7－2 所示。

**表 7－2　宝钢股份前十大股东明细**

| 股东名称 | 持股比例/% |
|---|---|
| 中国宝武钢铁集团有限公司 | 50. 73 |
| 武钢集团有限公司 | 13. 39 |
| 中国石油天然气集团有限公司 | 3. 59 |
| 中国证券金融股份有限公司 | 2. 99 |

续表

| 股东名称 | 持股比例/% |
|---|---|
| 国新投资有限公司 | 2.93 |
| 北京诚通金控投资有限公司 | 2.93 |
| 香港中央结算有限公司（陆股通） | 2.62 |
| 中国远洋运输有限公司 | 1.26 |
| 中央汇金资产管理有限责任公司 | 0.87 |
| GIC PRIVATE LIMITED | 0.85 |
| 合计 | 82.16 |

资料来源：Wind。

宝钢股份组织结构如图7－4所示。

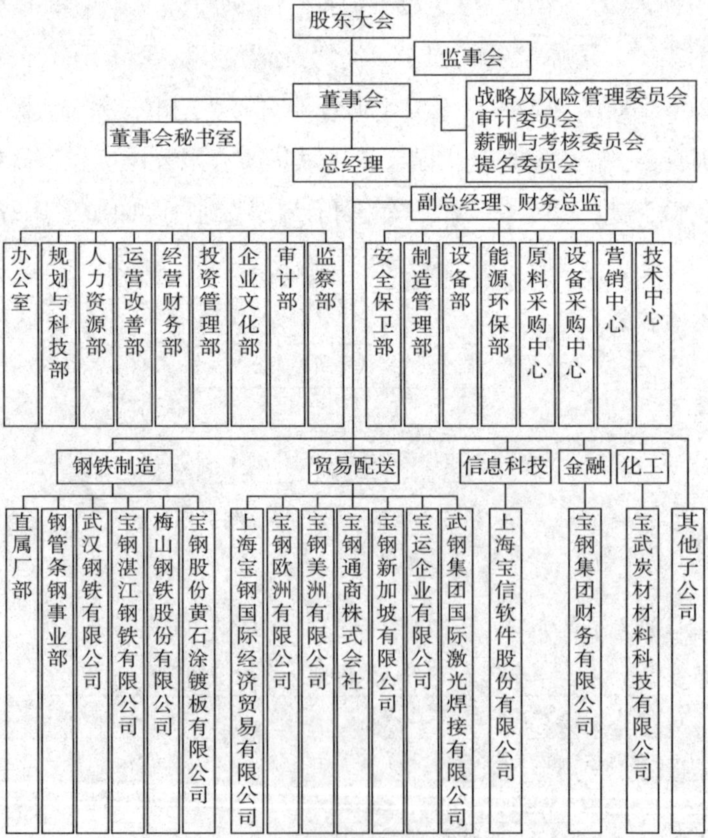


图7－4　宝钢股份组织结构

资料来源：宝钢股份公司官网。

中国宝武是中国最具竞争力的钢铁联合企业，年产粗钢规模位居国内第一、全球第二。中国宝武作为国内钢铁行业龙头企业，其钢铁主业生产高技术含量、高附加值钢铁精品，形成普碳钢、不锈钢、特钢三大产品系列。

宝钢股份是全球领先的特大型钢铁联合企业，是《财富》世界500强中国宝武的核心企业。公司专注于钢铁业，同时从事与钢铁主业相关的加工配送等业务。公司拥有上海宝山、武汉青山、湛江东山、南京梅山等主要生产基地，是全球碳钢品种最为齐全的钢铁企业之一。

宝钢股份2016—2018年主要财务数据见表7-3所示。

**表7-3 宝钢股份2016—2018年主要财务数据**

| 项目 | 2018年 | 2017年 | 2016年 |
|---|---|---|---|
| 总资产/亿元 | 3351.41 | 3502.35 | 2679.83 |
| 净资产/亿元 | 1892.45 | 1744.72 | 1314.21 |
| 资产负债率/% | 43.53 | 50.18 | 50.96 |
| 营业总收入/亿元 | 3052.05 | 2894.98 | 1857.10 |
| 净利润/亿元 | 232.78 | 204.03 | 92.05 |
| 归属母公司股东的净利润/亿元 | 215.65 | 191.70 | 89.66 |

资料来源：宝钢股份审计报告。

## 二、交易方案

2016年2月，国务院国资委、国家发展改革委、人社部联合发布国企“十项改革试点”落实计划，中国国新确定为国有资本运营公司试点两家中央企业之一。中国国新在成为国有资本市场化运作的专业公司后，按照市场规律、企业发展规律和资本运营要求，搭建功能完备的资本运作平台，通过多层次资本市场和资本运作手段，逐渐发展成为市场化运营、专业化管理的国有资本流转和持股公司，主要致力于整合运营、改制重组、进入退出等资产经营和资本运作。通过划转和投资，取得分布于不同行业企业的上市公司控股、参股权。

中国国新在深化国资国企的改革要求下，近年来在资本市场操作频繁。宝钢股份于2016年9月18日接到控股股东宝钢集团有限公司（以下简称“宝钢集团”）转来的《宝钢集团有限公司关于无偿划转宝山钢铁股份有限公司国有股份的通知》，宝钢集团将其持有的宝钢股份403439717股A股股份无偿划转给国新投资有限公司（以下简称“国新投资”）。

2016年10月12日，宝钢股份接到控股股东宝钢集团的通知，国有股份无偿划转事项已取得国务院国资委的批准。本次无偿划转完成后，宝钢集团持有宝钢股份11523385833股A股股份，占公司总股本的69.97%，仍为控股股东；国新投资持有宝钢股份403439717股A股股份，占公司总股本的2.45%，成为宝钢股份第五大股东。

另外，宝钢股份于2018年3月1日又接到控股股东中国宝武发来的《关于无偿划转宝山钢铁股份有限公司国有股份的通知》，经国务院国有资产监督管理委员会批准，中国宝武将其持有的宝钢股份111618417股A股股份无偿划转给国新投资。

本次无偿划转后，中国宝武及其一致行动人持有宝钢股份64.14%A股股份，仍为公司控股股东；国新投资持有宝钢股份2.93%A股股份，保持第五大股东的位置不变。

宝钢股份股权在经过两次无偿划转后，中国国新的全资子公司国新投资2016—2018年持有的宝钢股份股份数量和股权价值情况见表7-4。

**表7-4　国新投资2016—2018年持有的宝钢股份股份数量和股权价值**

| 项目 | 2018年 | 2017年 | 2016年 |
| --- | --- | --- | --- |
| 持股数量/亿股 | 6.54 | 5.42 | 5.42 |
| 股权价值/亿元 | 51.50 | 46.82 | 34.05 |

资料来源：Wind。

从以上持股情况可知，宝钢股份的总市值伴随着国新投资的参股从2016年9月18日的1976亿元上升到2018年3月1日的4810亿元，自实施试点改革起不到两年的时间内，上市公司总市值翻了两倍以上，国有资本也随着上市公司的市值增长而增值。

宝钢股份股权无偿划转方案作为国有资本运营公司试点的典型代表，中国企业研究院首席研究员李锦表示，无偿划转股份，既是行政划拨，也符合市场经济规律。一方面符合国务院国资委改革的战略规划，另一方面也是上市公司的内在需求。

## 第二节　中国国新接收中国交建公司股权案例分析

### 一、案例背景

1. 中国国新基本情况

中国国新简介见第七章第一节。

2. 中国交建基本情况

中国交通建设股份有限公司（以下简称“中国交建”），于2006年9月由中国交通建设集团有限公司（以下简称“中交集团”）独家发起设立，设立时的注册资本为108亿元。2006年12月，中国交建获准在香港联交所上市交易；2012年12月，中国交建获准在上海证券交易所上市交易。首次公开发行A股后，公司注册资本增加至162亿元。截至2019年3月末，中国交建产权控制关系如图7－5所示。

图7－5　中国交建产权控制关系图

资料来源：笔者整理绘制。

截至2019年3月末，中国交建前十大股东明细如表7-5所示。

表7-5　中国交建前十大股东明细

| 股东名称 | 持股比例/% |
|---|---|
| 中国交通建设集团有限公司 | 50.88 |
| 香港中央结算（代理人）有限公司 | 27.11 |
| 中国交通建设集团有限公司—非公开发行2017年可交换公司债券质押专户 | 9.03 |
| 中国证券金融股份有限公司 | 2.99 |
| 国新投资有限公司 | 1.61 |
| 北京诚通金控投资有限公司 | 0.99 |
| 中央汇金资产管理有限责任公司 | 0.61 |
| 香港中央结算有限公司（陆股通） | 0.31 |
| 海通证券股份有限公司 | 0.19 |
| 中国建设银行股份有限公司—博时主题行业混合型证券投资基金（LOF） | 0.17 |
| 合计 | 93.89 |

中国交建组织结构如图7-6所示。

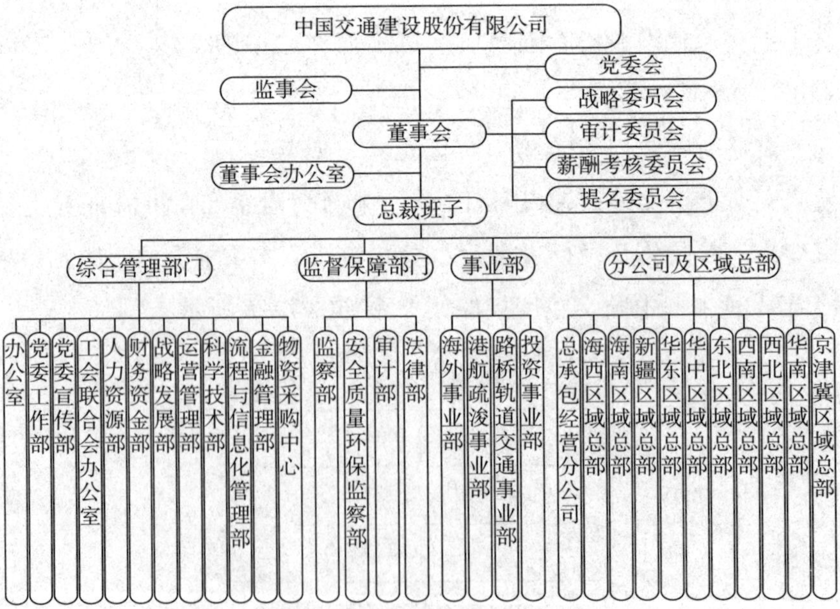


图7-6　中国交建组织结构图

资料来源：中国交建公司官网。

中交集团作为中国交建的控股股东，其经营范围包括：承包境外工程和境内国际招标工程；各种专业船舶总承包建造；专业船舶、施工机械的租赁及维修；海上拖带、海洋工程有关专业服务；船舶及港口配套设备的技术咨询服务；承担国内外港口、航道、公路、桥梁建设项目的总承包；承担工业与民用建筑、铁路、冶金、石化、隧道、电力、矿山、水利、市政建设工程的总承包；进出口业务；房地产开发及物业管理；运输业、酒店业、旅游业的投资与管理。截至 2018 年 12 月 31 日，中交集团资产总计 13658. 88 亿元，所有者权益合计 3128. 71 亿元，负债合计 10530. 17 亿元。2018 年度，中交集团实现营业收入 5830. 24 亿元，净利润 215. 18 亿元。

中国交建主要经营基建建设业务，其业务范围包括在国内及全球兴建港口、道路、桥梁、铁路、隧道、轨道交通、机场及其他设施，以及以投资等多种形式提供的建设服务。按照项目类型划分，具体包括港口建设、道路与桥梁建设、铁路建设、投资类项目、市政及其他工程、海外工程等。

中国交建 2016—2018 年主要财务数据如表 7 - 6 所示。

**表 7 - 6　中国交建 2016—2018 年主要财务数据**

| 项目 | 2018 年 | 2017 年 | 2016 年 |
|---|---|---|---|
| 总资产/亿元 | 3351. 41 | 3502. 35 | 2679. 83 |
| 净资产/亿元 | 1892. 45 | 1744. 72 | 1314. 21 |
| 资产负债率/% | 43. 53 | 50. 18 | 50. 96 |
| 营业总收入/亿元 | 3052. 05 | 2894. 98 | 1857. 10 |
| 净利润/亿元 | 232. 78 | 204. 03 | 92. 05 |
| 归属母公司股东的净利润/亿元 | 215. 65 | 191. 70 | 89. 66 |

资料来源：中国交建年报。

## 二、交易方案

中国交建自上市以来，其前两大股东持股比例长期保持 90% 以上，大股东股权结构过于集中；另外，2017 年 4 月以来，其股票市值一直处于下行通道。中国交建在中共十八届三中全会后“国有企业由管资产向管资本转变”的改革大背景下，积极探索适合的混合所有制改革模式。

在2016年国务院国资委、国家发展改革委、人社部联合推出“十项改革试点”计划后，中国国新作为国有资本运营公司试点两家中央企业之一，接收国务院国资委无偿划转全国各行业央企所属上市公司股权，更好地实现了国有资产证券化，保障了国有资本的合理流动与保值增值。中国国新在接收宝钢股份股权并进行股权运作后取得了良好效果，因此在2018年继续发力该股权接收模式，于2018年5月接收国务院国资委无偿划转的中国交建股权。一方面，可以改善中国交建股权过于集中的情况；另一方面，引入中国国新将有助于中国交建借助其专业的股权运作能力改善投融资情况和资本市场的市场表现。

中国交建于2018年5月18日在上海证券交易所网站发布了《关于国有股份无偿划转的提示性公告》，经国务院国资委批准，公司控股股东中交集团拟将其持有的中国交建317833551股A股股份划转给国新投资。中国交建于2018年6月收到中交集团转发的由中国证券登记结算有限责任公司出具的《过户登记确认书》，确认国有股份无偿划转的股份过户登记手续已办理完毕。

上述无偿划转完成后，中交集团持有中国交建9689540204股A股股份，占中国交建总股本的59.91%，仍为公司控股股东；国新投资持有中国交建317833551股A股股份，占公司总股本的1.97%，成为中国交建第五大股东。

中国交建股权在完成无偿划转后，国新投资近期持有的中国交建股份数量和股权价值情况如表7－7所示。

表7－7　国新投资近期持有的中国交建股份数量和股权价值

| 项目 | 2019年3月末 | 2018年末 |
| --- | --- | --- |
| 持股数量/亿股 | 3.18 | 3.18 |
| 股权价值/亿元 | 39.76 | 39.86 |

资料来源：Wind。

中国交建的股价随着国新投资的参股在2018年5月到2019年3月震荡波动，总市值保持相对稳定。未来随着双方合作逐渐深入，中国交建有望在中国国新的股权运作、基金投资管理等多渠道、多方式、专业化的运营下完善市值管理，改善市场表现，增强国有资本的流动性并保值增值。

按照2018年7月国务院发布的《关于推进国有资本投资、运营公司改革试点的实施意见》（国发〔2018〕23号），国有资本投资、运营公司改革试点的目标包括：改革国有资本授权经营体制，实现国有资本所有权与企业经营权分离，实行国有资本市场化运作；优化国有资本投向，推动国有经济布局优化和结构调整，提高国有资本配置和运营效率等。

中国国新接收央企所属上市公司股权严格按照国务院国资委改革要求，在试点中取得了较好的示范作用，为接下来更深入的国有企业混合所有制改革做好铺垫，也为各地方国有企业改革提供借鉴意义。

## 第三节　水发众兴集团入主派思股份案例分析

### 一、案例背景

1. 水发众兴集团基本情况

水发众兴集团有限公司（以下简称“水发众兴集团”），成立于2008年2月，控股股东是山东水发控股集团有限公司（以下简称“水发控股”），注册资本是150000万元人民币。水发控股是水发集团有限公司（以下简称“水发集团”）的全资子公司。

水发集团成立于2009年11月，是山东省属一级国有独资企业，主要负责山东省内水利国有资产的运营管理和重点水利工程的投融资，及省内外涉水项目和相关产业的投资开发和经营管理。

山东省国资委持有水发集团70%的股权，山东省国惠投资有限公司持有水发集团20%的股权，山东省社保基金理事会持有水发集团10%的股权，山东省国资委持有山东省国惠投资有限公司100%的股权，山东省国资委直接及间接合计持有水发集团90%的股权。因此，水发众兴集团的实际控制人为山东省国资委，系山东省人民政府直属特设机构，根据山东省人民政府授权，依照《中华人民共和国公司法》《中华人民共和国企业国有资产法》等法律法规履行出资人职责，监管山东省属企业的国有资产。

截至2019年6月末，水发众兴集团的产权控制关系如图7－7所示。

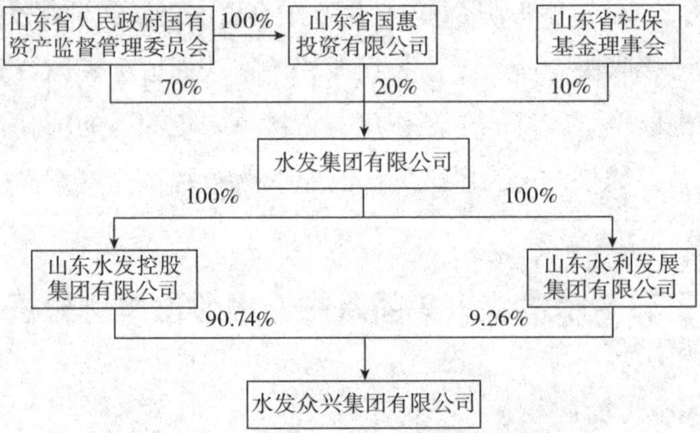


**图7－7　水发众兴集团产权控制关系**

资料来源：派思股份公告。

水发众兴集团组织结构如图7－8所示。

水发众兴集团作为山东省大型投资平台企业，以聚焦民生，服务社会经济发展为主导，以投资、运营和管理城市基础设施、基础产业和民生工程领域，水务、热电、天然气利用业务板块的资产为主营业务。

截至2019年6月末，水发众兴集团所控制的核心企业和核心业务、关联企业及主营业务的情况如表7－8所示。

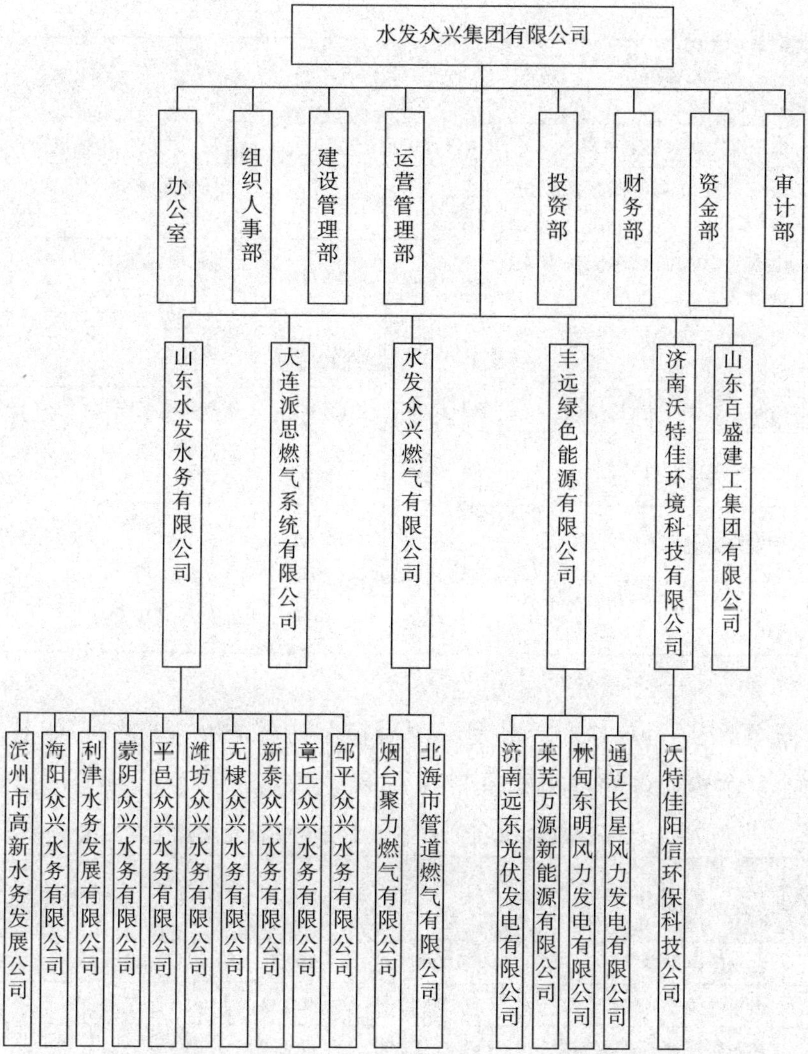


**图 7－8　水发众兴集团组织结构**

资料来源：水发众兴集团官网。

**表 7－8　水发众兴集团核心企业和核心业务、关联企业及主营业务的情况**

| 序号 | 公司名称 | 注册资本/万元 | 持股比例/% | 主营业务 |
|---|---|---|---|---|
| 1 | 山东水发水务有限公司 | 1000.00 | 51.00 | 城乡供排水、污水处理 |
| 2 | 临朐众兴置业有限公司 | 10000.00 | 100.00 | 房地产开发 |

续表

| 序号 | 公司名称 | 注册资本/万元 | 持股比例/% | 主营业务 |
|---|---|---|---|---|
| 3 | 山东水发众兴热电有限公司 | 4000.00 | 60.00 | 生物质发电、供热投资 |
| 4 | 山东永能节能环保服务股份有限公司 | 12900.00 | 46.51 | 合同能源管理、环保节能工程及技术研发、生物质发电 |
| 5 | 山东平原汉源绿色能源有限公司 | 11670.00 | 80.00 | 生物质发电、供暖、工业蒸汽 |
| 6 | 山东水发众兴环保科技股份有限公司 | 1500.00 | 80.00 | 垃圾处理 |
| 7 | 山东百盛建工集团有限公司 | 6111.00 | 65.00 | 水利水电工程 |
| 8 | 丰远绿色能源有限公司 | 13133.00 | 51.00 | 新能源运营/施工（EPC总承包） |
| 9 | 水发众兴燃气有限责任公司 | 10000.00 | 60.00 | 天然气销售；天然气管道安装 |
| 10 | 济南沃特佳环境科技股份有限公司 | 9981.18 | 52.11 | 水处理成套设备 |

资料来源：派思股份公告。

截至2019年6月末，水发集团所控制的核心企业和核心业务、关联企业及主营业务的情况如表7－9所示。

**表7－9　水发集团核心企业和核心业务、关联企业及主营业务**

| 序号 | 公司名称 | 注册资本/万元 | 持股比例/% | 主营业务 |
|---|---|---|---|---|
| 1 | 水发建设有限责任公司 | 100000.00 | 100.00 | 工程建设 |
| 2 | 山东农业发展集团有限公司 | 10000.00 | 100.00 | 农产品生产销售 |
| 3 | 翁源鲁控水务发展有限公司 | 10576.00 | 90.00 | 供水 |
| 4 | 水发智源建设有限公司 | 20000.00 | 100.00 | 建筑工程施工 |
| 5 | 水发文化产业有限公司 | 10000.00 | 100.00 | 电影摄制、电影发行、广播电视节目制作 |
| 6 | 水发鲁南水务有限公司 | 30000.00 | 100.00 | 供水 |
| 7 | 山东水发项目管理有限公司 | 2000.00 | 100.00 | 工程咨询、招标代理 |
| 8 | 水发能源集团有限公司 | 25200.00 | 100.00 | 控股（平台）公司 |
| 9 | 水发设计集团有限公司 | 10100.00 | 100.00 | 工程设计 |
| 10 | 固始水发供水有限公司 | 18000.00 | 50.56 | 供水 |

续表

| 序号 | 公司名称 | 注册资本/万元 | 持股比例/% | 主营业务 |
|---|---|---|---|---|
| 11 | 水发旅游开发有限公司 | 15000.00 | 100.00 | 旅游项目开发 |
| 12 | 山东水发贤达水务有限公司 | 9680.00 | 51.65 | 自来水的供应、管道安装 |
| 13 | 鲁医控股有限公司 | 5000.00 | 100.00 | 控股（平台）公司 |
| 14 | 山东水发医疗有限公司 | 25000.00 | 100.00 | 控股（平台）公司 |
| 15 | 水发农业发展有限公司 | 12500.00 | 80.00 | 农产品销售 |
| 16 | 山东水利发展集团有限公司 | 182629.00 | 100.00 | 控股（平台）公司 |
| 17 | 山东水发控股集团有限公司 | 384010.00 | 100.00 | 控股（平台）公司 |
| 18 | 山东省调水工程技术研究中心有限公司 | 6050.00 | 30.00 | 监理咨询、投资性房地产出售、出租 |
| 19 | 山东水利建设集团有限公司 | 50000.00 | 100.00 | 工程施工、水利工程 |
| 20 | 山东水发投资有限公司 | 5000.00 | 100.00 | 环保项目投资 |

水发众兴集团2016—2018年主要财务数据如表7－10所示。

**表7－10　水发众兴集团2016—2018年主要财务数据**

| 项目 | 2018年 | 2017年 | 2016年 |
|---|---|---|---|
| 总资产/万元 | 1000692.61 | 662164.52 | 362859.09 |
| 净资产/万元 | 306186.90 | 230236.50 | 124904.33 |
| 资产负债率/% | 69.40 | 65.23 | 65.58 |
| 营业总收入/万元 | 168336.77 | 85773.23 | 47456.46 |
| 主营业务收入/万元 | 164142.33 | 85142.30 | 47082.00 |
| 净利润/万元 | 7465.00 | 6008.01 | 841.04 |
| 净资产收益率/% | 2.44 | 2.61 | 0.67 |

资料来源：派思股份公告。

2. 派思股份基本情况

大连派思燃气系统股份有限公司（以下简称“派思股份”），前身是大连派思燃气系统有限公司（以下简称“派思有限”），2002年12月4日由EPOCH IMPORT & EXPORT Co. 和PETROGAS GAS－SYSTEM B.V. 共同出资组建，注册资本210万美元，为外商投资企业。2011年

7月25日，派思有限以截至2010年12月31日经审计的账面净资产92713878.25元为基础，整体变更为股份公司。股本为8500万元。派思股份设立时的股权结构如表7－11所示。

**表7－11　派思股份设立时的股权结构**

| 序号 | 股东名称 | 持股数量/股 | 持股比例/% | 出资方式 |
|---|---|---|---|---|
| 1 | 派思投资 | 59500000 | 70.00 | 净资产折股 |
| 2 | Energas Ltd. | 25500000 | 30.00 | 净资产折股 |
| 合计 | | 85000000 | 100.00 | |

资料来源：派思股份公告。

2015年4月24日，派思股份在上海证券交易所挂牌上市。

派思股份上市时的股本结构如表7－12所示。

**表7－12　派思股份上市时的股本结构**

| 股东名称 | 发行前股本结构 | | 发行后股本结构 | |
|---|---|---|---|---|
| | 股数/股 | 比例/% | 股数/股 | 比例/% |
| 大连派思投资有限公司 | 59500000 | 65.89 | 59500000 | 49.42 |
| Energas Ltd. | 25500000 | 28.24 | 25500000 | 21.18 |
| 成大沿海产业（大连）基金壹期（有限合伙） | 3000000 | 3.32 | 3000000 | 2.49 |
| 大连金百城投资管理企业（有限合伙） | 2300000 | 2.55 | 2300000 | 1.91 |
| 社会公众股东 | — | — | 30100000 | 25.00 |
| 合计 | 90300000 | 100.00 | 120400000 | 100.00 |

资料来源：派思股份公告。

派思股份组织结构如图7－9所示。

派思股份作为燃气输配和燃气应用领域（以天然气发电为主）的成套设备供应商，围绕天然气应用领域，逐渐向分布式能源、城镇燃气、LNG液化等领域拓展新业务。主营业务是燃气装备业务、燃气运营业务和分布式能源综合服务业。

派思股份2016—2018年主要财务数据如表7－13所示。

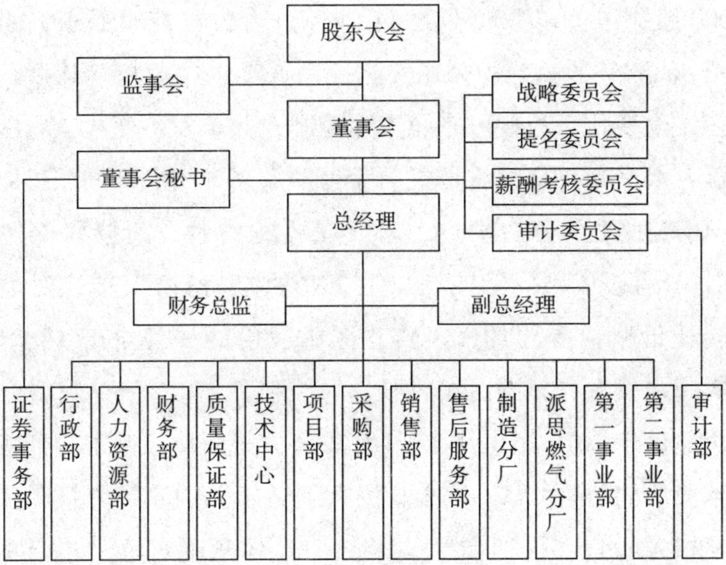


**图 7－9　派思股份组织结构**

资料来源：派思股份官网。

**表 7－13　派思股份 2016—2018 年主要财务数据**

| 项目 | 2018 年 | 2017 年 | 2016 年 |
|---|---|---|---|
| 总资产/万元 | 212140. 43 | 182390. 39 | 111124. 67 |
| 净资产/万元 | 102242. 89 | 102165. 73 | 46434. 58 |
| 资产负债率/% | 51. 80 | 43. 99 | 58. 21 |
| 主营总收入/万元 | 42262. 99 | 56406. 94 | 39123. 51 |
| 净利润/万元 | 438. 20 | 5472. 99 | 2185. 27 |
| 归属母公司股东的净利润/万元 | 438. 20 | 5486. 30 | 2342. 57 |

资料来源：派思股份公告。

## 二、交易方案

2018 年 12 月 10 日，派思股份与水发众兴集团签订了《大连派思燃气系统股份有限公司 29. 99% 股份转让框架协议书》，大连派思投资有限公司（以下简称“派思投资”）将公司总股本 29. 99% 的股权通过协议转让方式转让给水发众兴集团。派思投资直接持有公司股票

178500000 股，占公司总股本的 44.26%，为公司控股股东；谢冰持有派思投资 46.88% 股权，为公司实际控制人。本次股权转让后，公司第一大股东发生变化，控股股东及实际控制人并未发生变化。本次股份转让完成后，水发众兴集团将择机向除水发众兴集团以外的派思股份股东发起 20.01% 股份的部分要约，若接受要约的股东所持股份比例不足 20.01%，派思投资则同意按照以上 29.99% 股份协议转让时最终确定的协议转让价格接受要约，再转让派思股份的另外全部 14.27% 的股份，以实现水发众兴集团对派思股份的控制。

派思股份于 2019 年 4 月 26 日发布《关于回购注销未达到解锁条件的限制性股票的公告》，7 月 13 日发布《关于回购注销股权激励股票事宜通知债权人的公告》，上市公司将现有全体激励对象（指吕文哲、李启明、姚健华、张风华和邱赓屾）已获授但未达到解锁条件的该部分限制性股票共计 114 万股进行回购注销，在回购完成后上市公司总股本将由 403302277 股变更为 402162277 股。水发众兴集团持有上市公司股份将由 29.99% 变更为 30.08%，根据《上市公司收购管理办法》，股份超过 30% 的，收购方需要向全体股东发出全面要约，但符合条件的可以申请豁免。上市公司于 2019 年 6 月 29 日公告豁免要约的申请获得中国证监会核准并公告了《收购报告书》。

本次收购完成前，派思股份股权结构如图 7－10 所示。

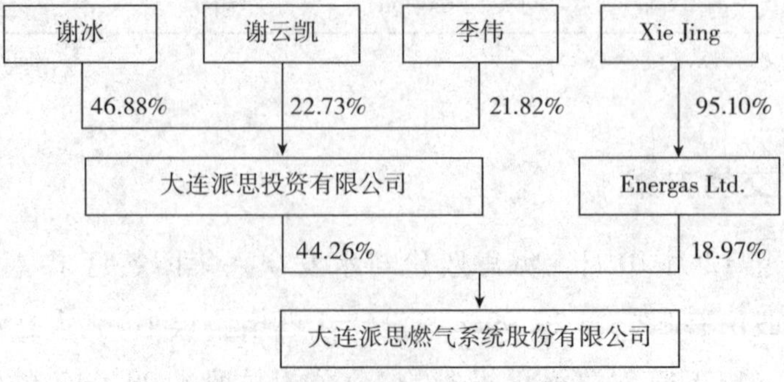


**图 7－10　收购完成前派思股份股权结构**

资料来源：派思股份公告。

本次收购完成后，派思股份股权结构如图 7－11 所示。

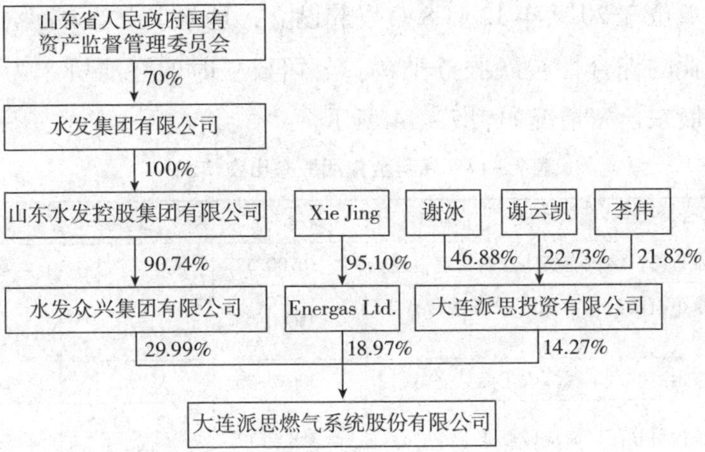


**图 7－11　收购完成后派思股份股权结构**

资料来源：派思股份公告。

按照水发众兴集团的战略，收购派思股份之后将通过“三步走”完成资产整合：步骤一，水发众兴集团依托国资背景为上市公司提供流动性支持，保证上市公司主营业务平稳发展；步骤二，水发众兴集团将在天然气应用领域扶植上市公司快速放大市场规模，为后续资产注入奠定基础；步骤三，待派思股份市场规模做大之后，水发众兴集团将启动资产注入，包括燃气、水务等资产，通过将国有资产注入上市公司，实现国有资产证券化，有利于国有资本做强做优做大。

## 第四节　海科金集团入主金一文化案例分析

### 一、案例背景

#### （一）海科金集团基本情况

北京市海淀科技金融资本控股集团股份有限公司（以下简称“海科金集团”），由北京市海淀区国有资本经营管理中心、北京市海淀区国有资产投资经营有限公司、中关村科技园区海淀园创业服务中心等七家公有制单位于2010年12月8日发起设立，是北京市首家面向科技型中小微企业的综合性金融服务平台。公司成立时的注册资本为150000万元，各股东出资情况如表7－14所示。

**表7－14 海科金集团股东出资情况**

| 序号 | 股东名称 | 出资额/万元 | 出资方式 | 持股比例/% |
|---|---|---|---|---|
| 1 | 北京市海淀区国有资本经营管理中心 | 36700.53 | 货币、股权 | 24.47 |
| 2 | 北京市海淀区国有资产投资经营有限公司 | 31000.00 | 货币 | 20.67 |
| 3 | 北京市海淀区玉渊潭农工商总公司 | 30000.00 | 货币 | 20.00 |
| 4 | 中关村科技园区海淀园创业服务中心 | 28832.12 | 实物、股权、货币 | 19.22 |
| 5 | 北京中海投资管理有限公司 | 8467.35 | 货币、股权 | 5.64 |
| 6 | 北京市东升农工商总公司 | 5000.00 | 货币 | 3.33 |
| 7 | 北京兴泉置业开发建设有限公司 | 10000.00 | 货币 | 6.67 |
| 合计 | | 150000.00 | — | 100.00 |

资料来源：国家企业信用信息公示系统官网。

此后经过几次股权变更，在此次收购前，海科金集团各股东出资情况如表7－15所示。

**表7－15 海科金集团各股东出资情况**

| 序号 | 股东名称 | 出资额/万元 | 出资方式 | 持股比例/% |
|---|---|---|---|---|
| 1 | 北京市海淀区国有资本经营管理中心 | 81183.29 | 货币、股权 | 43.20 |
| 2 | 北京实创科技园开发建设股份有限公司 | 31000.00 | 货币 | 16.50 |
| 3 | 北京市海淀区玉渊潭农工商总公司 | 30000.00 | 货币 | 15.96 |
| 4 | 中关村科技园区海淀园创业服务中心 | 28832.12 | 实物、股权、货币 | 15.34 |
| 5 | 北京中海投资管理有限公司 | 8467.35 | 货币、股权 | 4.51 |
| 6 | 北京市东升农工商总公司 | 8448.276 | 货币 | 4.50 |
| 合计 | | 187931.036 | — | 100.00 |

资料来源：国家企业信用信息公示系统官网。

截至2018年9月30日，海科金集团控股股东是北京市海淀区国有资本经营管理中心，实际控制人为北京市海淀区人民政府国有资产监督管理委员会。其产权控制关系如图 7－12 所示。

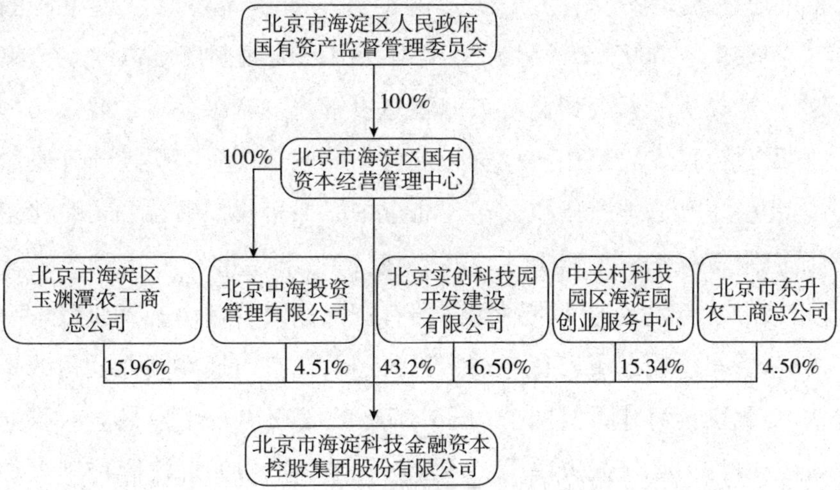


**图 7－12　海科金集团产权控制关系**

资料来源：国家企业信用信息公示系统官网。

海科金集团组织结构图如图 7－13 所示。

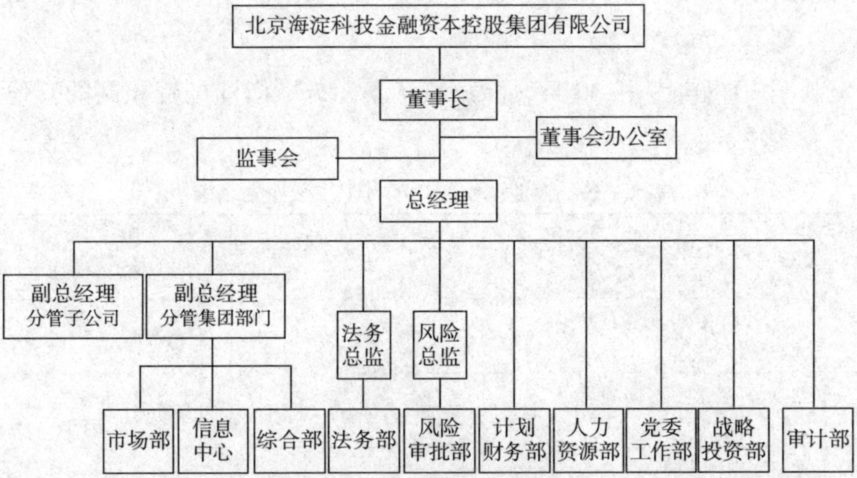


**图 7－13　海科金集团组织结构**

资料来源：海科金集团官网。

北京市海淀区国有资本经营管理中心（以下简称“海淀国资”），是在海淀区国资委所监管企业的基础上组建的，2009年6月29日，经《北京市海淀区人民政府关于组建海淀区国有资本经营管理中心的批复》（海政函〔2009〕104号）等批准，由海淀区国资委以北京市海淀区国有资产投资经营公司、北京海融达投资建设有限公司、北京实创高科技发展总公司、北京中海投资管理公司、北京市威凯房地产开发经营公司、北京海开房地产集团公司、北京中海拓科技发展总公司、北京当代商城有限责任公司、北京甘家口大厦、北京超市发国有资产经营公司、北京市西山农场、北京海淀区国有资产投资管理中心、北京市海淀区物资总公司、北京市海育建筑工程公司、北京市通联实业公司的全部股权以及北京昊海建设有限公司98.25%的股权出资组建设立。设立时的注册资本为100亿元人民币，海淀国资的控股股东和实际控制人均为北京市海淀区国资委。

海淀国资经营范围为：城市基础设施投融资，投资及投资管理，资产管理，组织企业资产重组、并购等。业务涉及零售百货、城市基础设施建设开发（含保障性住房开发业务）、工程施工、房屋租赁等业务板块。

截至2018年9月30日，除海科金集团外，海淀国资控制的其他主要企业情况如表7－16所示。

**表7－16　海淀国资控制的其他主要企业情况**

| 序号 | 公司名称 | 注册地 | 实收资本/万元 | 持股比例/% | 业务性质 |
|---|---|---|---|---|---|
| 1 | 北京海国鑫泰投资控股中心 | 北京 | 700000.00 | 100.00 | 投资管理 |
| 2 | 北京海淀置业集团有限公司 | 北京 | 136376.26 | 100.00 | 投资管理 |
| 3 | 北京实创科技园开发建设股份有限公司 | 北京 | 91594.31 | 63.98 | 房地产开发 |
| 4 | 北京海融达投资建设有限公司 | 北京 | 3800.00 | 100.00 | 基建项目管理 |

续表

| 序号 | 公司名称 | 注册地 | 实收资本/万元 | 持股比例/% | 业务性质 |
|---|---|---|---|---|---|
| 5 | 北京昊海建设有限公司 | 北京 | 10000.00 | 98.50 | 工程建设 |
| 6 | 北京中海投资管理公司 | 北京 | 30000.00 | 100.00 | 投资管理 |
| 7 | 北京市通联实业公司 | 北京 | 1000.00 | 100.00 | 商品销售 |
| 8 | 北京市海育建筑工程公司 | 北京 | 600.00 | 100.00 | 工程施工 |
| 9 | 北京西农投资有限责任公司 | 北京 | 1000.00 | 100.00 | 投资与资产管理 |
| 10 | 北京绿海能环保有限责任公司 | 北京 | 10000.00 | 100.00 | 固体废物污染治理 |
| 11 | 联创嘉业（北京）资产管理有限公司 | 北京 | 73000.00 | 100.00 | 投资与资产管理 |
| 12 | 联创瑞业（北京）资产管理有限公司 | 北京 | 127000.00 | 100.00 | 投资与资产管理 |
| 13 | 北京海房投资管理集团有限公司 | 北京 | 56000.00 | 100.00 | 投资管理、资产管理、房地产开发、物业管理 |
| 14 | 北京寿比轩文化发展有限公司 | 北京 | 100.00 | 100.00 | 物业管理 |

资料来源：金一文化公告。

海科金集团是北京市海淀区政府、区国资委通过整合区属金融服务资源所组建的区域科技金融服务与实施平台。海科金集团主要业务范围包括贸易、投资、担保、资产管理、企业管理和经济信息咨询等。2018年，公司实现营业收入61.81亿元，主要由销售收入、利息收入、担保及评审收入、咨询及服务收入和技术服务及开发收入构成。

海科金集团2016—2018年主要财务数据如表7－17所示。

**表7－17　海科金集团2016—2018年主要财务数据**

| 项目 | 2018年 | 2017年 | 2016年 |
|---|---|---|---|
| 总资产/亿元 | 313.18 | 60.33 | 46.61 |
| 净资产/亿元 | 82.54 | 28.99 | 23.56 |
| 资产负债率/% | 73.64 | 51.95 | 49.45 |
| 营业总收入/亿元 | 61.81 | 8.99 | 10.21 |

续表

| 项目 | 2018 年 | 2017 年 | 2016 年 |
|---|---|---|---|
| 净利润/亿元 | 1.90 | 1.58 | 1.47 |
| 归属母公司股东的净利润/亿元 | 1.21 | 1.19 | 1.20 |

资料来源：海科金集团审计报告。

### （二）金一文化基本情况

北京金一文化发展股份有限公司（以下简称“金一文化”），原名北京金一文化发展有限公司（以下简称“金一有限”），于 2007 年 11 月 26 日在北京设立，注册资本为 14200 万元。公司创始人和实际控制人是钟葱，控股股东是上海碧空龙翔投资管理有限公司（以下简称“碧空龙翔”）。2010 年 6 月 20 日，金一有限召开创立大会，同意将北京金一文化发展有限公司整体变更为北京金一文化发展股份有限公司，并以经审计的净资产折合为股份公司 14200 万股。整体变更为股份公司后，金一文化的前十大股东持股情况如表 7－18 所示。

表 7－18　金一文化的前十大股东持股情况

| 序号 | 股东 | 持股数/万股 | 股份比例/% | 股本性质 |
|---|---|---|---|---|
| 1 | 上海碧空龙翔投资管理有限公司 | 5800 | 40.85 | 法人股 |
| 2 | 钟葱 | 3400 | 23.94 | 自然人股 |
| 3 | 赵智杰 | 658.81 | 4.64 | 自然人股 |
| 4 | 陈昱 | 449.44 | 3.17 | 自然人股 |
| 5 | 隋启海 | 424.72 | 2.99 | 自然人股 |
| 6 | 孙戈 | 400 | 2.82 | 自然人股 |
| 7 | 周燕华 | 395.38 | 2.78 | 自然人股 |
| 8 | 深圳市创新投资集团有限公司 | 379.91 | 2.68 | 法人股 |
| 9 | 无锡红土创业投资有限公司 | 379.91 | 2.68 | 法人股 |
| 10 | 东莞市美钻廊珠宝有限公司 | 337.08 | 2.37 | 法人股 |
| 合计 | | 12625 | 88.92 | — |

资料来源：国家企业信用信息公示系统官网。

2014 年 1 月，金一文化首次公开发行股票并在深圳证券交易所 A

股上市，首次公开发行股票4181.25万股，占发行后总股本的25%。发行上市后，公司总股本由14200万股增加至16725万股。本次发行上市后，金一文化的前十大股东持股情况如表7－19所示。

**表7－19 金一文化的前十大股东持股情况**

| 序号 | 股东 | 持股数/万股 | 股份比例/% | 股本性质 |
|---|---|---|---|---|
| 1 | 上海碧空龙翔投资管理有限公司 | 5124 | 30.63 | 限售流通A股 |
| 2 | 钟葱 | 3003 | 17.96 | 限售流通A股 |
| 3 | 赵智杰 | 582 | 3.48 | 限售流通A股 |
| 4 | 陈昱 | 397 | 2.37 | 限售流通A股 |
| 5 | 隋启海 | 375 | 2.24 | 限售流通A股 |
| 6 | 孙戈 | 353 | 2.11 | 限售流通A股 |
| 7 | 周燕华 | 349 | 2.09 | 限售流通A股 |
| 8 | 深圳市创新投资集团有限公司 | 336 | 2.01 | 限售流通A股 |
| 9 | 无锡红土创业投资有限公司 | 336 | 2.01 | 限售流通A股 |
| 10 | 东莞市美钻廊珠宝有限公司 | 298 | 1.78 | 限售流通A股 |
| 合计 | | 11153 | 66.68 | — |

资料来源：国家企业信用信息公示系统官网。

此后，金一文化经过几次股权变更，在收购完成之前的股权结构如图7－14所示。

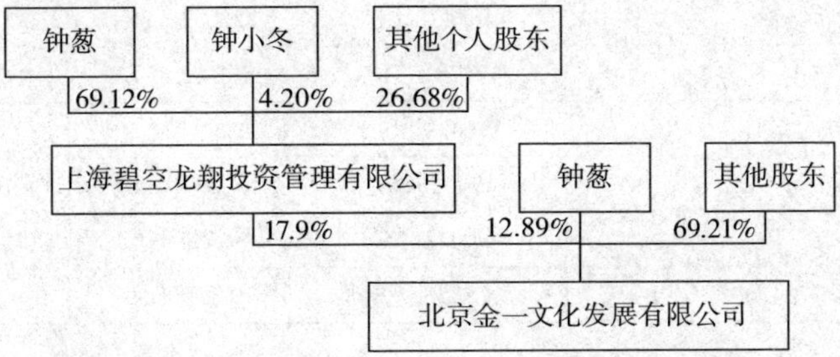


**图7－14 收购完成前金一文化股权结构**

资料来源：金一文化公告。

金一文化组织结构如图7－15所示。

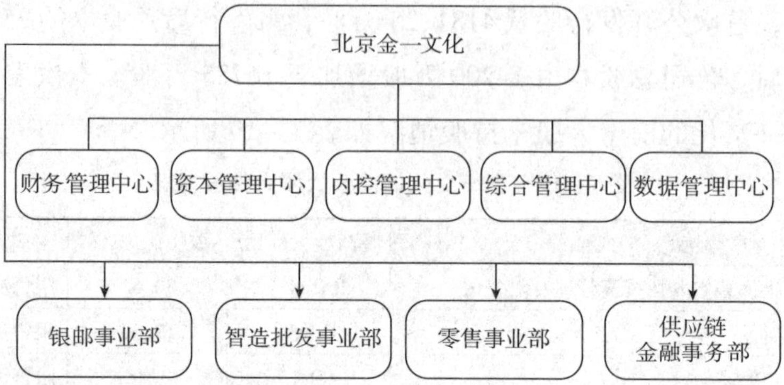


**图 7－15　金一文化组织结构**

资料来源：金一文化官网。

金一文化主营业务为黄金珠宝首饰、贵金属工艺品的研发设计、生产加工及销售。公司以市场需求为导向，研发出满足消费者对投资、收藏、日常佩戴等方面需求的质量优质、产品多元、价格优惠的黄金珠宝产品。公司主要产品类别为贵金属工艺品、黄金类、K 金类、铂金类、钻石镶嵌及翡翠玉石类等珠宝首饰。

金一文化 2016—2018 年主要财务数据如表 7－20 所示。

**表 7－20　金一文化 2016—2018 年主要财务数据**

| 项目 | 2018 年 | 2017 年 | 2016 年 |
|---|---|---|---|
| 总资产/万元 | 1401478.07 | 1726926.28 | 1081710.77 |
| 净资产/万元 | 491781.81 | 562434.59 | 298661.67 |
| 资产负债率/% | 64.91 | 67.43 | 72.39 |
| 主营总收入/万元 | 1494429.61 | 1532010.70 | 1077301.26 |
| 净利润/万元 | －9418.95 | 36630.00 | 31090.05 |
| 归属母公司股东的净利润/万元 | －5458.19 | 18239.01 | 17406.50 |

资料来源：金一文化年报。

## 二、交易方案

2018 年 7 月，金一文化公告海科金集团收购上市公司控股股东碧空龙翔股权的《权益变动报告书》。报告书披露此次权益变动的交易方案如下：

海科金集团受让钟葱、钟小冬分别持有碧空龙翔69.12%、4.20%的股权，合计73.32%的股权。收购完成后，海科金集团持有碧空龙翔73.32%的股权，进而控制碧空龙翔，并通过碧空龙翔间接控制上市公司17.90%的股份，成为上市公司的实际控制人。因此，海科金集团的实际控制人北京市海淀区国资委成为上市公司的实际控制人。股份转让完成后，钟葱直接持有上市公司12.89%的股份，不再为上市公司的实际控制人。

收购完成后，金一文化的产权控制关系如图7－16所示。

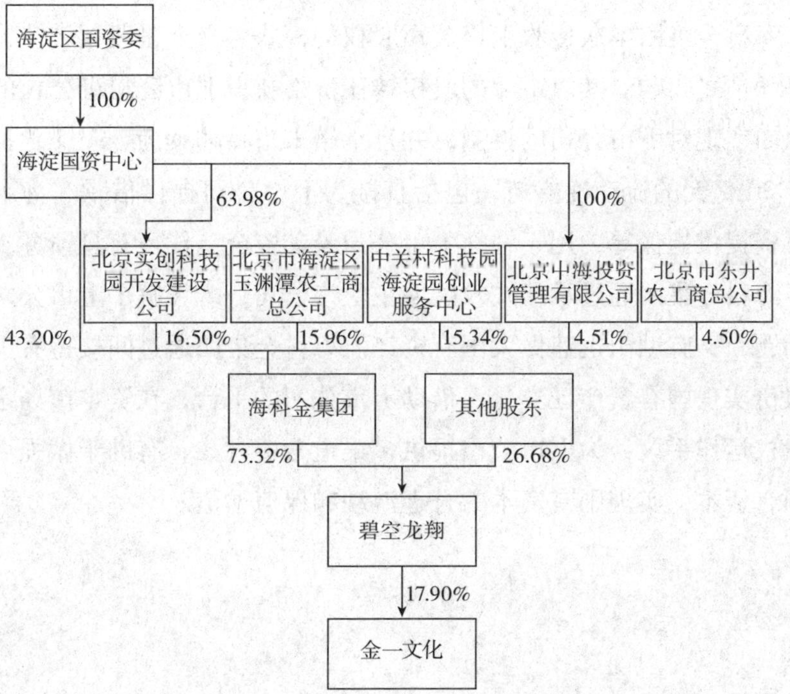


**图7－16　收购完成后金一文化的产权控制关系**

资料来源：金一文化公告。

海科金集团受让标的股权的交易价款合计为1元。

本次交易完成前后，碧空龙翔股权结构变化情况具体如表 7－21所示。

**表 7－21　碧空龙翔股权结构变化情况**

| 股东 | 本次交易完成前 | | 本次交易完成后 | |
|---|---|---|---|---|
| | 注册资本/万元 | 持股比例/% | 注册资本/万元 | 持股比例/% |
| 海科金集团 | — | — | 22.3563 | 73.32 |
| 钟葱 | 21.0758 | 69.12 | — | — |
| 钟小冬 | 5.1221 | 16.80 | 3.8416 | 12.60 |
| 其他股东 | 4.2935 | 14.08 | 4.2935 | 14.08 |
| 合计 | 30.4914 | 100.00 | 30.4914 | 100.00 |

资料来源：金一文化公告。

海科金集团本次接收上市公司股权的模式名义上是股权转让，实质上是承债式收购。其以 1 元的股权转让价格获得上市公司母公司的控股权从而实现对上市公司的控制，并且承诺未来将陆续为金一文化提供不低于 30 亿元的流动性支持，包括直接为上市公司提供借款、为上市公司融资提供担保等，用于补充上市公司流动资金、偿还有息债务。

海科金集团通过承债式收购入主上市公司，既缓解了上市公司流动性问题，又有助于迅速做大国有资产。海科金集团通过间接持有上市公司股份实现国有资产证券化，借助上市公司的平台，在资本市场运用多种股权运作手段，为上市公司提供多渠道融资方式，有助于做强做优做大国有资本，实现国有资本的合理流动和保值增值。

| 第八章 |

# 国有资本运营公司基金投资模式案例分析

## 第一节　中国国新运用基金方式投资管理案例

### 一、中国国新运用基金方式投资管理的背景

党的十八届三中全会通过的《中共中央关于全面深化改革若干重大问题的决定》勾勒出了新时期全面深化经济体制改革的宏伟蓝图，对深化国有企业改革作出了全面部署，国有企业改革迎来新的高潮。

中国国新作为首期两家国有资本运营公司试点之一，是中央政策大力支持鼓励发展的央企平台，熟悉央企产业发展情况和资本运作，持有央企股权将与央企投资运营基金形成良性互动。核心团队成员对海内外资本市场和产业发展具有深刻的认识和独到的见解，并具备多年在知名机构从事风险投资、投资银行、法律、财务等的丰富经验。

#### （一）基金设立的政策背景

1. 国企改革顶层设计方案出台

2015 年 9 月 13 日，中共中央、国务院印发《关于深化国有企业改革的指导意见》，国企改革顶层设计方案出台：国有企业统一监管、分类改革。国有企业界定为商业类和公益类。商业类国企以增强国有经济活力、放大国有资本功能、实现国有资产保值增值为主要目标，按照市场化要求实行商业化运作，为央企改革奠定基本思路。

2. 2016年结构性改革任务重点

2015年12月22日，中央经济工作会议指出：2016年结构性改革工作主要是抓好去产能、去库存、去杠杆、降成本、补短板五大任务。

3. 促进央企“瘦身健体”

2016年5月18日，国务院第134次常务会议提出，立足以改革促发展，坚持企业主体，充分发挥市场配置资源的决定性作用和更好地发挥政府作用，促进央企“瘦身健体”、提质增效。

4. 做强做优做大国有企业

2016年7月4日，习近平总书记在全国国有企业改革座谈会上强调，要做强做优做大国有企业，实现国有资产保值增值。李克强总理也做出了重要指示。国务院国资委作出了具体部署。

5. 推动央企结构调整与重组

2016年7月26日，《国务院办公厅关于推动中央企业结构调整与重组的指导意见》提出，央企要巩固加强一批，创新发展一批，重组整合一批，清理退出一批。央企改革措施的具体细则将很快推出。

### （二）基金设立的现实背景

1. 央企的优势和潜力

央企的优势是进一步提高运营效率的基础；央企的潜力是下一步改革的方向，也是未来成长的新空间。

（1）央企有优势

中央企业是国民经济的“领头羊”，规模大、科技水平高、影响力大、盈利能力强；在国民经济的主要行业中占据着优势地位，有相当的垄断性，也得到政策的支持和扶持，具有较强的市场竞争力。科技力量积累丰富、优秀人才众多。投资央企，具有稳健、良好的回报。

（2）央企有潜力

部分央企市场化机制不足，资源配置效率较低，市场敏感度不够；产业结构还不够合理，主要集中在工业、批发和零售餐饮业、房地产和社会服务业，机器人、体育、智能科技等新兴高科技产业还不够突出，自身优势没有充分发挥；负债较高；中央企业还有众多科研院所、医院、全民所有制单位等尚未改制。

2. 央企的改革举措

（1）集团层面重组

2015 年以来，央企集团层面的重组接踵而至：中国远洋与中国海运集团合并；招商局集团与中外运集团合并；五矿集团与中冶集团合并；中粮集团与中纺集团合并；港中旅与中旅集团合并；中国建材与中材集团合并；新设立航空发动机集团等。

（2）业务板块专业化重组

在集团层面的重组之外，央企内部也加紧梳理各业务板块，进行专业化重组：中国远洋与中国海运集团合并后，打造航运、物流、金融、装备制造、航运服务、社会化产业和基于商业模式创新的“互联网 +”相关业务“6 + 1”产业集群；招商局集团与中外运集团合并后，打造金融、航运交通、地产等方向的业务；国药集团作为国内规模最大的医药企业、国资委“四项改革”试点企业之一，将旗下国药控股作为唯一商业平台，中国中药作为唯一中药平台，中生集团作为未来生物制品平台，现代制药作为化药平台。这些专业化重组使各业务板块发生脱胎换骨的变化。

（3）混合所有制改革、现代企业制度改革

中国建材集团已经通过混合所有制改革推动了企业成长，国药集团等其他央企也在加大推动混合所有制、股东会董事会运行、高管聘用考核等现代企业制度方面的改革，释放企业活力。

## 二、中国国新作为国有资本运营公司的投资优势

### （一）总体优势

中国国新是经国务院批准设立的国有独资公司和国家投资机构，是国有资本运营公司试点企业，以优化中央企业国有资本布局结构和服务中央企业提质增效、创新发展为中心，以提高国有资本运营效率和回报为导向，以市场化、专业化运营为基础，以资本运作和金融服务为途径，努力打造成为一流的国家级国有资本运营公司。

1. 政策制度优势

国务院国资委通过中国国新“先行先试”市场配置资源等重大改革措施，推动中央企业改革重组进程。这种独有的制度上的先发优势，必然给该基金带来全新的发展空间和发展理念，在政策、市场竞争中占领先机，优先享受改革的红利。

2. 经验优势

中国国新于2012年和外管局共同出资设立了国新国际，累计投资133.6亿美元；2014年中国国新发起设立国新科创基金，一期规模45亿元；2016年中国国新发起设立国家级国有资本风险投资基金，首期规模1000亿元。中国国新有着丰富的基金管理和运作经验。

3. 渠道优势

中国国新为众多中央企业的外部董事服务，通过外部董事能够主动发现所任职的中央企业的投资机会，并运用其投资能力把控投资机会和风险。

4. 业务优势

中国国新是国有资本运营的践行者，是国务院国资委对中央企业进行重组整合的重要抓手，其在早期的立项、方案设计、政策制定时就参与其中。投资该基金将从中获益。

## （二）丰富的项目资源、双赢的投资模式

1. 广泛、优质的项目资源

①在国务院国资委的大力支持下，中国国新拥有广泛优质的项目资源，可以投资绝大部分的央企改革项目。

②国新投资已经与中石油、中远海运、五矿集团、华润集团、中国石化、中航科技、中核集团、招商局、中国船舶、中国建材、中国电科、中国铁建、中国中铁等众多央企建立了广泛深入的联系，为基金带来大量的项目储备。

2. 双赢的投资模式

①在国务院国资委的大力支持下，中国国新投资完成后，能够有效跟踪投资项目的运行情况，从而控制风险、保障投资人的权益。

②中国国新通过基金合伙人和管理团队多方面的资源，为企业带来规范治理、科学管理、资金支撑、运作支持等方面的广泛支持。

## （三）市场化机制优势

在拥有深厚的政府、中央企业背景的同时，中国国新严格按照市场机制运营管理，在众多国有投资机构中拥有独特的市场机制优势，见表8－1所示。

**表8－1　市场化机制优势**

| | |
|---|---|
| 管理市场化 | 实行完全市场化的管理方式。在管理公司组建、人员选聘等方面采用市场化方式，充分激发管理团队的积极性，同时建立一整套成熟的项目筛选、尽职调查、立项审核、投资决策、项目管理和退出机制，实现效益最大化 |
| 决策市场化 | 设立多元化的投资决策委员会，由投资经验丰富的专家担任委员，严格以利润为导向，审核项目的风险和收益。投资决策委员会是基金投资的最高决策机构 |
| 分配市场化 | 将按照市场规则，与各出资人协商，明确规定并严格执行分配机制，保障投资者的合法利益 |

资料来源：笔者整理绘制。

## （四）多平台协调优势

中国国新拥有股权运作、风险投资、金融服务、国际经营四大板块（见图8-1）。股权运作板块定位是股权运营、资产管理、对外投资，包括中央企业股权划转接收及市场化股权运营等；风险投资板块定位是科技创新项目投资，包括央企创新项目、创新型企业和小微企业培育等；金融服务板块定位是搭建中央企业金融服务平台；国际经营板块定位是支持中央企业走出去。未来各板块将协调发展，优势互补，共享竞合。

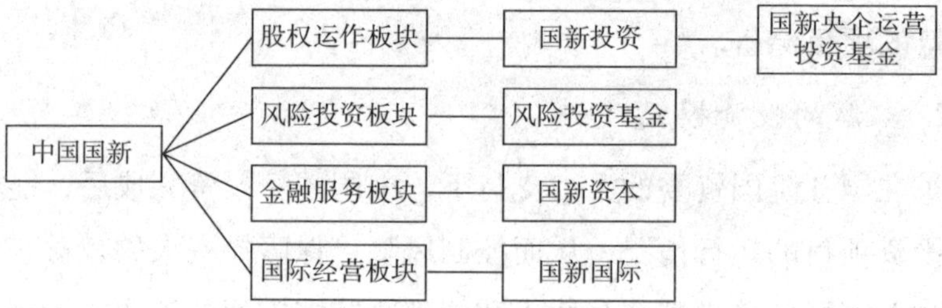


**图8-1　多平台协调优势**

资料来源：笔者整理绘制。

# 三、中国国新基金案例模式

## （一）基金概况

基于央企改革升级背景，中国国新控股有限责任公司、广州市政府及其相关出资主体、金融机构共同出资设立国新央企运营投资基金管理（广州）有限公司，以及国新央企运营（广州）投资基金（有限合伙）（以下简称“国新央企运营投资基金”）。国新央企运营投资基金由国新央企运营投资基金管理（广州）有限公司负责管理。

在国新央企运营投资基金管理（广州）有限公司的持股比例方面。国新央企运营投资基金管理（广州）有限公司认缴出资4500万元，实际持股比例45%；广州国创基金投资控股有限公司认缴出资3500万元，实际持股比例35%；浦银（嘉兴）股权投资管理有限公司认缴出资 1000 万元，实际持股比例 10%；宁波日星投资管理有限公司认缴出资 1000 万元，实际持股比例 10%。

而国新央企运营投资基金，主要聚焦中央企业和核心子企业，兼顾优秀地方国企，促进国企改革的发展。国新央企运营投资基金管理（广州）有限公司作为有限合伙的普通合伙人认缴出资 1 亿元，中国国新控股有限责任公司作为国有资本运营公司认缴出资有限合伙人份额 100 亿元，广州市政府及其相关出资主体认缴出资有限合伙人份额 100 亿元，金融机构资金认缴出资有限合伙人份额 300 亿元。经基金合伙人会议批准，基金总规模 1500 亿元，首期 500 亿元，存续期 5+5 年，其中投资期 5 年，退出期 5 年，延长期 2 年。

### （二）基金结构

基金结构见图 8-2。

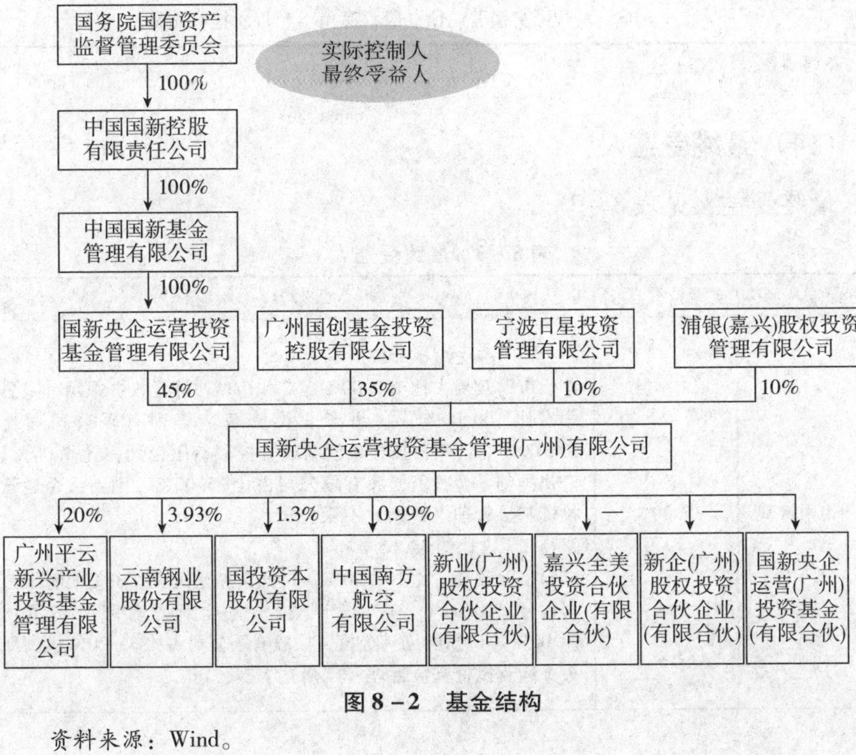


**图 8-2　基金结构**

资料来源：Wind。

## （三）基金要素

基金要素见表8－2。

**表8－2　基金要素**

| 基金全称 | 国新央企运营（广州）投资基金（有限合伙） |
| --- | --- |
| 投资领域 | 聚焦中央企业和核心子企业，兼顾优秀地方国企，基金主要投资于中央企业和地方国企的资产证券化、供给侧结构性改革、混合所有制改革、市场化改制上市等。考虑到市场化项目的特殊性，拟拿出部分资金设立子基金，吸引社会资本，扩大基金的整体规模。子基金采用合伙制，优先选择专业化的基金管理公司担任普通合伙人 |
| 基金规模 | 总规模1500亿元人民币，首期规模500亿元。其中广州市政府及其相关出资主体、中国国新分别出资100亿元，金融机构出资300亿元，由中国国新、金融机构、广州市政府及其相关出资主体共同出资设立国新央企运营投资基金管理有限公司作为有限合伙的普通合伙人 |
| 存续期 | 投资期5年，退出期5年，延长期2年 |
| 退出方式 | 整体上市、大股东回购、IPO上市或注入旗下上市公司、资产证券化ABS、发行可交换公司债、股权互换、产权所挂牌交易 |

资料来源：Wind。

## （四）最终受益人

最终受益人见表8－3。

**表8－3　最终受益人**

| 最终受益人名称 | 实际持股比例 | 股权链 |
| --- | --- | --- |
| 广州市财政局 | 35.00% | 路径1（占比约0.35%）<br>广州市财政局占比100.00%、广州市城市建设投资集团有限公司占比100.00%、广州产业投资基金管理有限公司占比100.00%、广州科技金融创新投资控股有限公司占比1.00%、广州国创基金投资控股有限公司占比35.00%、国新央企运营投资基金管理（广州）有限公司<br>路径2（占比约34.65%）<br>广州市财政局占比100.00%、广州市城市建设投资集团有限公司占比100.00%、广州产业投资基金管理有限公司占比99.00%、广州国创基金投资控股有限公司占比35.00%、国新央企运营投资基金管理（广州）有限公司 |

续表

| 最终受益人名称 | 实际持股比例 | 股权链 |
|---|---|---|
| 国务院国资委 | 45.00% | 路径（占比约45.00%）<br>国务院国资委占比100.00%、中国国新控股有限责任公司占比100.00%、中国国新基金管理有限公司占比100.00%、国新央企运营投资基金管理有限公司占比45.00%、国新央企运营投资基金管理（广州）有限公司 |

## （五）基金投资方向

基金投资方向见表8-4。

**表8-4　基金投资方向**

| 主题 | 投资方向 | 主要领域 | 投资运营方式 |
|---|---|---|---|
| 混合所有制改革 | 中央企业集团、专业板块、核心子公司改制重组 | 具有较高净资产收益率和较大提升空间的央企等 | 股权投资、资产证券化等 |
| 市场化改制上市 | 尚未充分发挥优势的央企改制类项目 | 科研院所改制上市；医疗资源；检验认证机构等 | 科研院所改制、兼并重组、资产证券化等 |
| 补短板促升级 | 科技含量高的新兴产业；产业链还不够完善的产业 | 高端制造业、重要装备、无人机；新材料；机器人等 | 投贷联动、兼并重组等 |
| 地方国企 | “壳资源”丰富、资产优质地区 | 具有较高资产证券化空间的地方国企 | 股权投资、资产证券化、兼并重组等 |

资料来源：Wind。

1. 混合所有制改革

（1）政策推动

①《关于深化国有企业改革的指导意见（2015）》。该意见明确提出要推动国企混合所有制改革，并在2020年实现“国有企业公司制改革基本完成，发展混合所有制经济取得积极进展”。该意见提出在石油、天然气、电力、铁路、电信、资源开发、公用事业等领域首先开展改革。

②《国务院关于国有企业发展混合所有制经济的意见（2015）》。

该意见指出探索在集团公司层面推进混合所有制改革，鼓励通过整体上市、并购重组、发行可转债等方式，逐步调整国有股权比例，积极引入各类投资者，形成股权结构多元、股东行为规范、内部约束有效、运行高效灵活的经营机制；引导在子公司层面有序推进混合所有制改革，加快技术创新、管理创新、商业模式创新，合理限定法人层级，有效压缩管理层级。

③《中央企业结构调整与重组的指导意见（2016）》。该意见指出对主业处于关系国家安全、国民经济命脉的重要行业和关键领域、主要承担国家重大专项任务的中央企业，支持非国有资本参股；通过开展投融资、产业培育、资本整合，推动产业集聚和转型升级；推进强强联合，推动专业化整合，将资源向优势企业和主业企业集中；加快推进企业内部资源整合，推进专业化整合，增强持续发展能力；积极稳妥开展并购重组；鼓励中央企业围绕发展战略，以获取关键技术、核心资源、知名品牌、市场渠道等为重点，积极开展并购重组，提高产业集中度。

（2）预期可实施股份制改革

①集团层面。集团层面股份制改革是本次改革的重大突破，也是基金投资的重要方向。2015 年有 60 家央企的净资产收益率超过 6%。本基金选择优秀央企进行合作。

②专业化板块层面。在专业化板块方面，中石化、中石油等均专业化重组下属企业，实现分板块的专业化经营并上市。

③子公司层面。在子公司层面进行股份制改制、管理层激励等，增强企业活力，实现对外扩张，做强做大细分领域。

2. 市场化改制上市

（1）市场现状

中央企业历史积累深厚，在科研实力、行业资质、人员素质等方面具有丰富的资源。但是，由于历史、体制等因素，很多优质资源没有理顺运营机制，运营效率不高。本基金致力于在中央企业优质资源整合过程中进行市场化股权投资运作，优化资源配置。

（2）投资重点

大量附属医院等非主业资产的管理工作，影响了央企主业的改革发展，且附属医院因体制限制，未能发挥其积极的社会效益和经济效益。因此本基金的投资方向应考虑：

①收购央企医院，引进市场化机制，建立连锁医疗集团，加强经营管理，包括药品、器械、耗材集中采购，后勤专业化管理；

②以医院为依托开展健康咨询、体检、康复、医疗养老等医疗衍生服务，提高非营利医院的盈利能力；

③积极引入社会资本参与重组改制，探索医院职工持股的可行性。

此外，央企还拥有大量承担社会公益任务的检验认证机构。此类机构市场权威性高，人才和技术积累丰富，在国家大力推进检验认证业务市场化的背景下，属于稀缺的优质资源。

3. 补短板促升级

（1）市场现状

央企在国内各产业中占据主导地位，但其产业链还不够完善，突出表现在：上游重要装备、核心元器件、战略资源很大程度受制于人；下游对市场尤其是国际市场的控制力和影响力还不够。因此，产业链条的疏通和完善成为央企下一阶段发展的重点。

部分央企已经取得了一定的成果，例如，中粮集团的全产业链战略显示了央企做强做优做大的一种成功模式，以服务消费者为最终目的，包括种植与采购、贸易与物流、食品原料与饲料原料生产、养殖与屠宰、食品加工、分销与物流、品牌推广、食品销售等八个环节，构成“从田间到餐桌”的完整产业链。

（2）投资重点

本基金将对中央企业开展投贷联动工作，重点在战略新兴领域寻找合适的投资标的，抓住央企科技创新、管理创新、商业模式创新机遇，推动央企从规模扩张增长向创新驱动增长发展，助推中央企业结构调整，驱动产业升级。

①促进中央企业开展创新产业。对国家战略需要、中央企业有优势有基础的互联网、智能制造、核电、高铁、航空航天装备、新一代信息技术、节能环保、海洋工程、生物等产业予以重点投资。积极支持军工企业推动军民融合，重点发展智慧城市、北斗卫星导航、航空发动机等产业。

②加大科技创新和技术改造力度。通过资金投入，扶持中央企业加强核心技术研究，推动相关企业在高端装备、电子信息、集成电路、新能源汽车、新材料等领域开展联合攻关。同时，大力推进技术改造。落实"中国制造2025"战略和国家工业强基、绿色制造、高端装备等重大工程，加大技术改造和设备更新力度。

③加大现代服务业投入。对代表未来产业发展趋势、符合国家经济结构调整方向的现代服务业加大资本支持，培育中央企业控股的金融、电子信息、文化传播等现代服务业。

### （六）已投项目

已投项目见表8－5。

**表8－5　已投项目**

| 序号 | 企业名称 | 法定代表人 | 注册资本/万元 | 持股比例/% |
|---|---|---|---|---|
| 1 | 广州平云新兴产业投资基金管理有限公司 | 肖勋勇 | 1000 | 20.00 |
| 2 | 云南铜业股份有限公司 | 田永忠 | 169967.856 | 3.93 |
| 3 | 国投资本股份有限公司 | 叶柏寿 | 422712.9727 | 1.30 |
| 4 | 中国南方航空股份有限公司 | 王昌顺 | 1226717.2286 | 0.99 |
| 5 | 新业（广州）股权投资合伙企业（有限合伙） | 国新央企运营投资基金管理（广州）有限公司 | — | — |
| 6 | 国新央企运营（广州）投资基金（有限合伙） | 国新央企运营投资基金管理（广州）有限公司 | — | — |

续表

| 序号 | 企业名称 | 法定代表人 | 注册资本/万元 | 持股比例/% |
|---|---|---|---|---|
| 7 | 新企（广州）股权投资合伙企业（有限合伙） | 国新央企运营投资基金管理（广州）有限公司 | — | — |
| 8 | 嘉兴全美投资合伙企业（有限合伙） | 国新央企运营投资基金管理（广州）有限公司 | — | — |

资料来源：Wind。

## 第二节　中国国新重组海虹控股打造国新健康案例分析

### 一、案例背景

1. 国风投基金基本情况

中国国有资本风险投资基金股份有限公司（以下简称“国风投基金”），由国新（深圳）投资有限公司、建信（北京）投资基金管理有限责任公司、建信资本管理有限责任公司及深圳市投资控股有限公司于2016年8月8日共同发起设立，注册资本1000亿元。2016年11月，国新（深圳）投资有限公司新增出资20亿元，国风投基金注册资本变更为1020亿元。

国风投基金公司章程规定，国风投基金股东大会授权董事会作为公司对外投资、融资决策的最高权力机构，有权决定基金的全部对外投资、融资。国风投基金董事会由7名董事组成，其中中国国新提名4名董事，剩余3家股东各提名1名董事。根据公司章程规定，国风投基金的控股股东为国新（深圳）投资有限公司，实际控制人为中国国新控股有限责任公司①。截至2018年2月10日，国风投基金的产权控制关系如图8－3。

① 中国国新简介见第七章第一节。

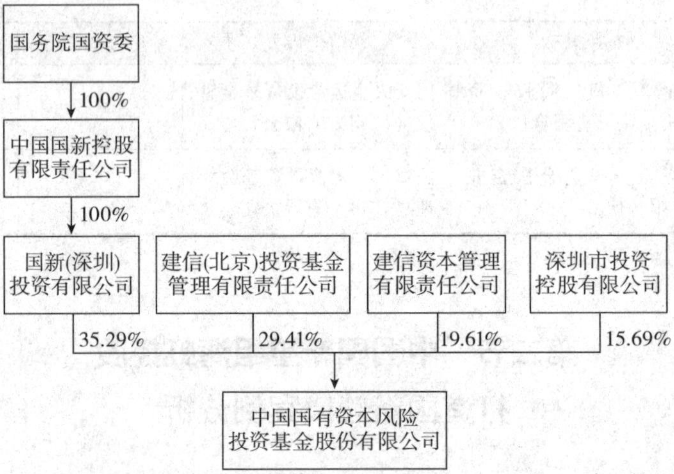


**图8－3　国风投基金的产权控制关系**

资料来源：海虹控股公告。

除国风投基金外，国新（深圳）投资有限公司控制的主要公司情况如表8－6所示。

**表8－6　国新（深圳）投资有限公司控制的主要公司情况**

| 公司名称 | 经营范围 | 持股比例/% |
|---|---|---|
| 深圳国新投资合伙企业（有限合伙） | 投资兴办实业（具体项目另行申报），创业投资业务，创业投资咨询业务，为创业企业提供创业管理服务业务，参与设立创业投资企业，企业管理咨询、投资咨询（以上均不含限制项目） | 99.90 |

资料来源：国家企业信用信息公示系统官网。

除国新（深圳）投资有限公司及其子公司外，中国国新控制的主要公司情况如表8－7所示。

**表8－7　中国国新控制的主要公司情况**

| 公司名称 | 经营范围 | 持股比例/% |
|---|---|---|
| 国新资本有限公司 | 股权投资、项目投资、投资管理、资产管理、投资咨询 | 100 |
| 国新控股（上海）有限公司 | 通信信息软件开发及销售、通信信息设备的销售、资产管理、实业投资、投资管理、投资咨询等 | 100 |
| 国星集团有限公司 | 投资和资产管理 | 100 |

续表

| 公司名称 | 经营范围 | 持股比例/% |
|---|---|---|
| 中国华星集团公司 | 实业投资，企业管理、改造、发展的策划与咨询，企业资产托管、重组与管理，物业管理，出租办公用房 | 100 |
| 国新控股香港有限公司 | 投资和资产管理 | 100 |
| 中国文化产业发展集团有限公司 | 文化创意产业园经营，教育咨询，文化及相关产业投资、技术研发与服务等 | 100 |
| 中国华信邮电经济开发中心 | 邮电新技术、新产品的投资开发等 | 100 |
| 国新投资有限公司 | 投资管理、资产管理、股权投资、投资咨询 | 100 |
| 国新宏盛投资（北京）有限公司 | 项目投资、投资管理、企业管理、企业策划 | 100 |
| 国新国际投资有限公司 | 投资和资产管理 | 100 |

资料来源：国家企业信用信息公示系统官网。

国风投基金立足于运用市场机制推进国家战略实施，按照市场化、专业化原则运作，在回报良好的前提下，主要投资于中央企业的技术创新、产业升级项目，并通过对资本的专业化管理、市场化流动，助力中央企业发展，优化国有资本布局结构，实现国有资本保值增值。

作为中国国新旗下的“国家级”PE，国风投基金自2016年以来先后完成了多项投资，横跨人工智能、医疗、锂电池、卫星等多领域，具体包括投资联影医疗、Face++、英雄互娱、容百锂电、亚太卫星宽带通信系统等。

2. 海虹控股基本情况

海虹企业（控股）股份有限公司（以下简称“海虹控股”），前身为海南化学纤维厂，最早成立于1987年8月28日。1991年9月，海南化学纤维厂改组为海南化纤工业股份有限公司。

1992年11月30日，海南化纤工业股份有限公司在深圳证券交易所首次公开发行股份并上市。

1994年10月，海南化纤工业股份有限公司更名为“海南海虹企业股份有限公司”，公司股票简称变更为“琼海虹”。

1996年12月12日琼海虹发布董事会公告，公司第一大股东海南省开发建设总公司以协议方式将其持有的国有法人股中的3273万股转让给中海恒实业发展有限公司（以下简称“中海恒”）；海口明达实业公司以协议方式将其持有的国有法人股947万股全部转让给中海恒；海南飞鸿房地产公司以协议方式将其持有的国有法人股780万股全部转让给中海恒。

此次转让完成后，中海恒共持有琼海虹5000万股股份，占公司股份总数的24.83%，成为琼海虹第一大股东；海南省开发建设总公司持有琼海虹股份由57480593股减为24750593股，占琼海虹股份总数的12.29%，为公司第二大股东。

1997年5月，经1996年度股东大会批准以及海南省证券管理办公室核准，公司名称变更为“海南海虹企业（控股）股份有限公司”，股票简称变更为“海虹控股”。

2001年9月，经2001年第三次临时股东大会批准，公司名称变更为“海虹企业（控股）股份有限公司”。

此后经过数次股权变更，截至2017年9月末，海虹控股股东为中海恒，实际控制人为康乔女士。其股权结构如图8-4所示。

海虹控股主要从事医药电子商务及交易业务、PBM业务及海虹新健康业务。公司拥有数十家从事医药电子商务及交易业务的控股子公司，以及具有自主知识产权的医保基金智能监管平台和医疗质量控制与服务平台。

从2009年起，海虹控股开始携手美国ESI集团，致力于将PBM业务引入中国市场。PBM英文全称为Pharmacy Benefit Management（医疗福利管理）。

海虹控股通过与地方医保局的合作，在医保局搭建智能辅助审核系统，医院将已与参保人结算完毕的诊疗单据上传至医保中心端，医保机构定期对其进行审核，发现违规诊疗行为后医保机构拒付费用。

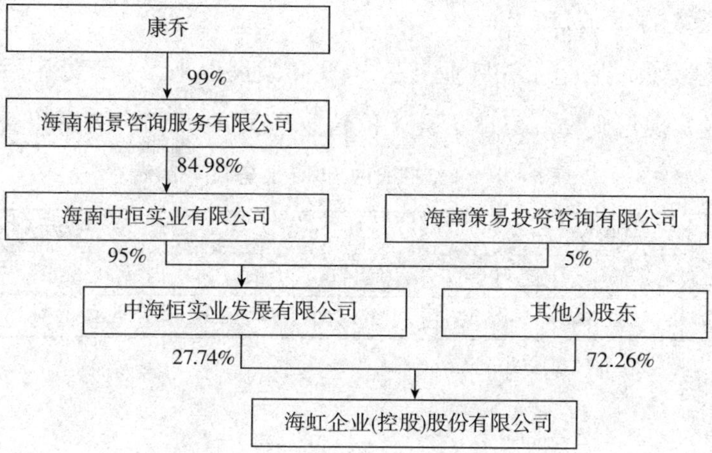


**图8-4　海虹控股股权结构**

资料来源：海虹控股公告。

通过PBM系统审核已经结算完毕的单据，如果发现违规行为，则扣除违规涉及的基金，就能达到控制医保基金不合理支出的目的。对于"违反规则"的清单，医保局将直接向医疗机构扣费，定点医疗机构没有申诉的机会。

海虹控股的PBM业务的客户主要为各地社会保障机构，2017年1—9月，海虹控股前五大客户销售明细如表8-8所示。

**表8-8　海虹控股前五大客户销售明细**

| 序号 | 单位名称 | 销售收入/万元 | 占PBM业务营业收入比重/% |
|---|---|---|---|
| 1 | 佛山市社会保险基金管理局 | 225.91 | 12 |
| 2 | 郑州市人力资源和社会保障局 | 212.26 | 11 |
| 3 | 武汉市人力资源和社会保障局 | 187.91 | 10 |
| 4 | 柳州市社会保险事业局 | 178.30 | 10 |
| 5 | 贵阳市人力资源和社会保障厅 | 132.08 | 7 |
| 合计 | | 936.46 | 50 |

资料来源：海虹控股公告。

根据海虹控股披露的数据，截至2017年9月末，海虹控股已经在全国23个省、149个统筹单位开展了201个医保服务项目，审单量已超过4.28亿张，覆盖参保服务人群达2.77亿人，占全国参加城镇基本医疗保险人数的 37.21%。

但是，海虹控股的 PBM 业务从 2009 年发展以来，一直处于亏损状态，2016 年度实现营业收入 1313 万元，但营业利润仍为负数，如表 8－9 所示。

**表 8－9 海虹控股的 PBM 业务利润情况**

| 项目 | 2017 年 1—9 月 | | 2016 年 | | 2015 年 | |
|---|---|---|---|---|---|---|
| | 毛利润/万元 | 毛利率/% | 毛利润/万元 | 毛利率/% | 毛利润/万元 | 毛利率/% |
| PBM 业务 | －500.85 | －26.97 | －2929.00 | －223.04 | －1507.42 | －94.76 |

资料来源：海虹控股公告。

## 二、交易方案

根据海虹控股发布的公告，在海虹控股控制权转让前，中海恒持有上市公司 249345593 股，占比 27.74%，为上市公司第一大股东。

本次交易中，国风投基金对海虹控股的控股股东中海恒增资 5 亿元，其中 3 亿元计入中海恒注册资本，其余 2 亿元计入中海恒资本公积金。增资完成后，国风投基金成为中海恒的控股股东，同时也成为海虹控股的间接控股股东。上市公司的实际控制人由康乔女士变更为国风投基金的实际控制人中国国新。

本次增资完成前后，中海恒股权结构变化情况具体如表 8－10 所示。

**表 8－10 中海恒股权结构变化情况**

| 股东名称 | 本次增资前 | | 本次增资额/万元 | 本次增资后 | |
|---|---|---|---|---|---|
| | 出资额/万元 | 持股比例/% | | 出资额/万元 | 持股比例/% |
| 海南中恒实业有限公司 | 9500 | 95.00 | — | 9500 | 23.75 |
| 海南策易投资咨询有限公司 | 500 | 5.00 | — | 500 | 1.25 |
| 国风投基金 | — | — | 30000 | 30000 | 75.00 |
| 合计 | 10000 | 100.00 | 30000 | 40000 | 100.00 |

资料来源：海虹控股公告。

根据《增资协议》约定，各方同意，在中海恒持续合法有效存续且未发生债务纠纷的前提下，自登记日起5年内，国风投基金可视中海恒和海虹控股的实际经营情况，由国风投基金决定向中海恒投入36.96亿元。

根据《增资协议》过渡期安排，协议签署后，在海虹控股公告本次增资对应的权益变动报告书等相关法律文件且股票复牌交易后的5个交易日内（含复牌当日），中海恒可以大宗交易方式依法减持目前持有的海虹控股2%股份。如本次大宗交易在前述期限内得以实施，则于登记日，中海恒对海虹控股的持股数量将降至231369149股，持股比例降至25.74%；如本次大宗交易在前述期限内未实施，则于登记日，中海恒对海虹控股的持股数量和持股比例不变。无论是否进行本次大宗交易，中海恒对海虹控股的控股地位维持不变。

根据《增资协议》约定，各方同意，海南中恒实业有限公司在如下任一情形发生且国风投基金要求时，将回购国风投基金所持中海恒全部股权：①就《增资协议》条款第2条约定的国风投基金后续资金自登记日起届满5年，国风投基金决定不予实施；②中海恒在任何时候被起诉破产、重整或解散。

股权回购价格为国风投基金在回购日前实际缴纳的增资款与该等资金按每年5%单利计算的利息的合计数。有关股权回购的具体事项由相关方另行签署股权回购协议约定。

## 三、案例点评

中国国新借助国风投基金投资上市公司，通过间接持股上市公司股权从而间接控制上市公司，为中国国新打造中国医保管理服务综合供应商、中国健康大数据服务公司、构建以基本医疗保险为核心的中国健康保障服务体系提供操作平台。

国风投基金之所以投资海虹控股有以下三大原因。

一是海虹控股医保审核管理业务在全国的市场占有率最高。海虹控股为全国23个省的149个医保基金统筹单位所做的智能医保审核服务，在全国医保统筹单位中占比约37.63%，涉及参保人数2.7亿人，涉及医保基金统筹规模5000亿元以上，处于全国首位。海虹控股在医保审核服务领域深耕八年，研发积淀形成了“四库”“二十四系统”的庞大知识、技术体系，形成了各地区本地化的医保控费审核数据库，在医保基金的精细化、专业化管理服务实践中得到了反复检验，实现了经过运行获得医保、卫计、医院、患者等各方认可的系列产品和服务，如涵盖事前、事中、事后智能审核及服务，医保基金运筹决策大数据分析，医疗质量评价体系，医保支付标准，DRGs支付结算，健康档案，新健康智能医疗等。在智能审核与服务领域，海虹控股是目前国内技术水平最高、品种最全、质量最高的医保基金服务公司。

二是海虹控股以医保支付为卡位，处于医保、医疗、医药的枢纽。国风投基金成为间接控股股东后，在发挥原有经营管理者作用的前提下，以海虹控股已有技术服务及市场占有率为基础，一方面从广度和深度帮助海虹控股进一步服务医保，实现精细化管理，有效防控医保基金穿底的问题，保障社保基金安全；另一方面帮助建立就诊新秩序、提高医疗资源运行效率、促进药企的研发与市场发展等，服务好医疗保障体系的每一个环节，为建立新型的医疗服务、医疗保障和监督管理体系提供服务，为三医联动、医疗体制改革提供现实路径。

三是海虹控股的主要服务对象——基本医疗保险基金，是目前国内规模最大、病种覆盖最全、医疗器械与医疗服务项目及诊疗信息最丰富的医疗保险基金。无论是统计意义上，还是管理意义上，样本都足够丰富、分散，拥有能够反映国民健康的基本数据。国风投基金对海虹控股进行控股型投资后，国新健康将作为国风投基金及中国国新的战略性项目，PBM业务将得到国风投基金和中国国新的大力支持，因此未来中国PBM业务的发展空间及发展速度将会得到极大提升。

本案例中，中国国新通过资本市场透明的信息披露制度和强效监管，提升其作为国有资本运营公司持有上市公司股权的管理能效，打造具有国际领先水平的大型高端医疗福利管理供应商，实现国有资本的保值增值。

## 第三节　中国船舶重组江南造船案例分析

### 一、国新建信基金投资江南造船

1. 国新建信基金基本情况

国新建信股权投资基金（成都）合伙企业（有限合伙）（以下简称“国新建信基金”）成立于2019年4月8日，其执行事务合伙人为国新融汇股权投资基金管理有限公司、建信金投基金管理（天津）有限公司。其股权结构如图8－5所示。

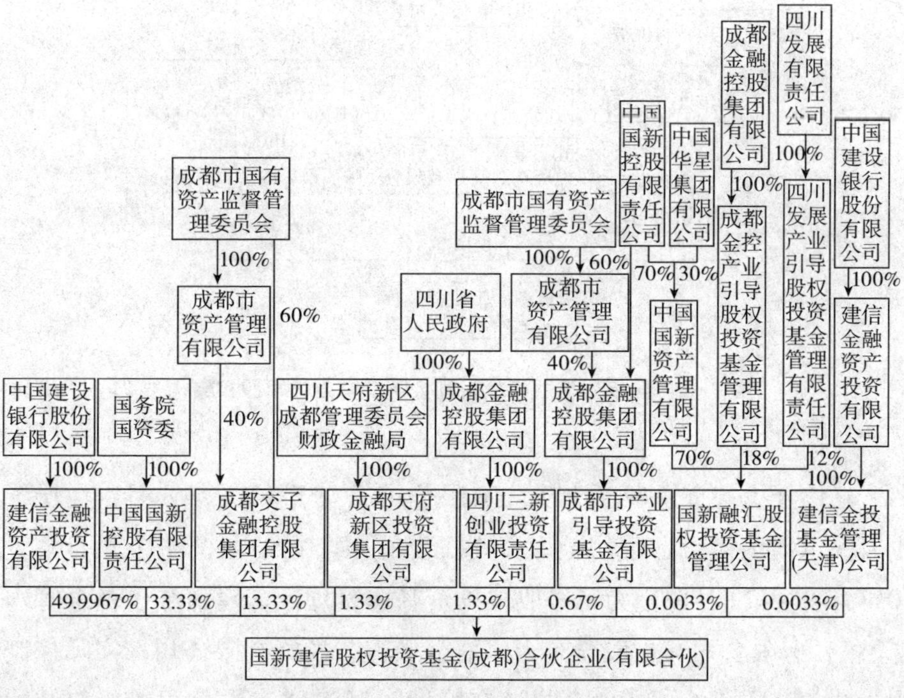


**图8－5　国新建信基金股权结构**

资料来源：中国船舶公告。

国新融汇股权投资基金管理有限公司注册成立于2018年12月28日，控股股东为中国国新资产管理有限公司，实际控制人为国务院国资委。主营业务为受托管理股权投资企业，从事投资管理及相关咨询服务。国新融汇股权投资基金管理有限公司作为双GP之一，负责管理国新建信基金，除该基金管理业务外，国新融汇股权投资基金管理有限公司无其他业务。国新融汇股权投资基金管理有限公司的股权结构如图8－6所示。

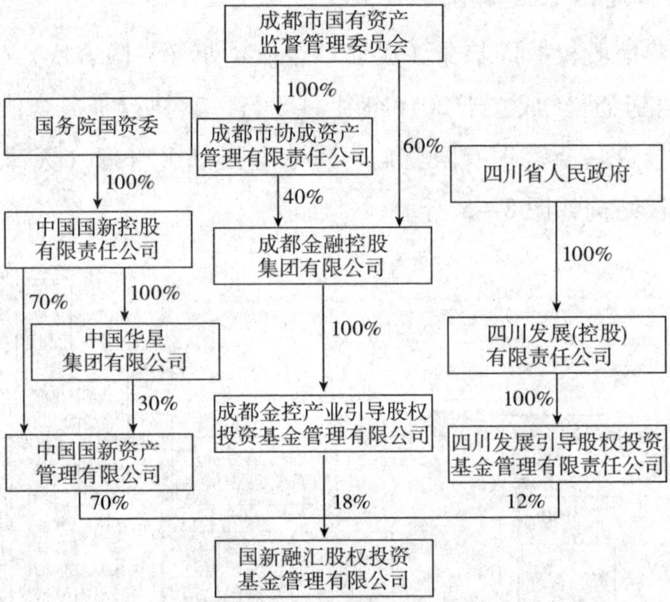


**图8－6　国新融汇股权投资基金管理有限公司股权结构**

资料来源：中国船舶公告。

建信金投基金管理（天津）有限公司成立于2018年8月，注册资本人民币2亿元，是建信金融资产投资有限公司的全资子公司，并于2018年9月29日登记为私募股权投资基金管理人。建信金投基金管理（天津）有限公司的控股股东为建信金融资产投资有限公司，实际控制人为国务院国资委。建信金投基金管理（天津）有限公司的股权结构如图8－7所示。

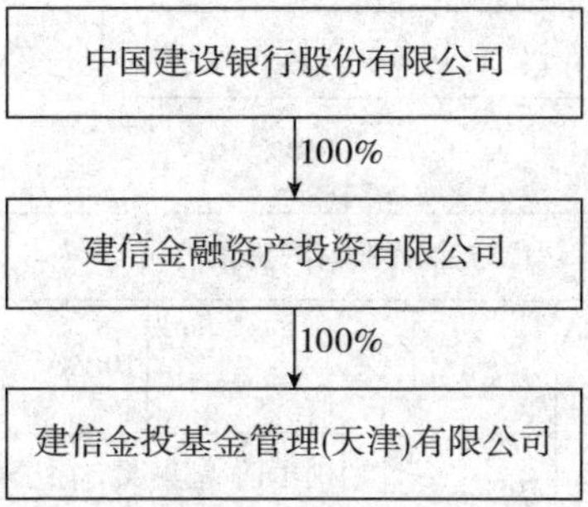


**图8-7　建信金投基金管理（天津）有限公司股权结构**

资料来源：中国船舶公告。

中国国新资产管理有限公司，前身为中国华星置地投资公司，成立于2005年3月22日，为全民所有制企业。

2010年，中国华星置地投资公司改制为有限责任公司，改制后的名称变更为“中国华星置地投资有限公司”，注册资本为人民币1亿元，是中国华星集团有限公司的全资子公司，间接控股股东为中国国新控股有限责任公司[①]。

2018年5月，中国国新控股有限责任公司决定改组设立资产管理公司，中国华星置地投资有限公司名称变更为“中国国新资产管理有限公司”，股东由中国华星集团有限公司100%持股变更为：中国国新控股有限责任公司持股70%，中国华星集团有限公司持股30%，公司注册资本增加至人民币1000000万元。

中国国新资产管理有限公司的控股股东为中国国新控股有限责任公司，实际控制人为国务院国资委，其产权控制关系如图8-8所示。

2. 江南造船基本情况

上市公司拟收购的标的资产为江南造船（集团）有限责任公司（以下简称“江南造船”）100%股权。江南造船原为1865年成立的

① 中国国新简介见第七章第一节。

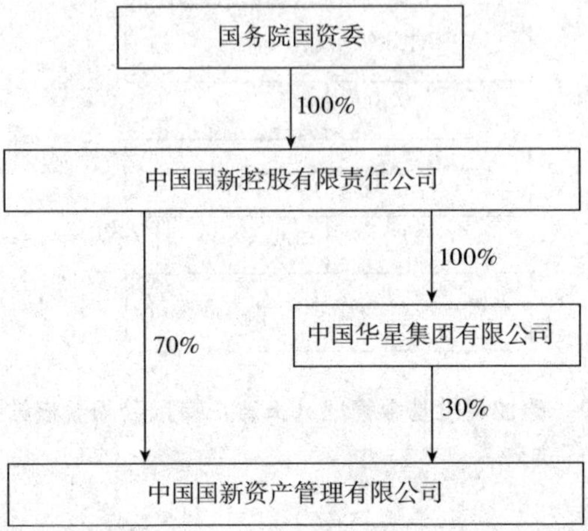


**图8-8 中国国新资产管理有限公司产权控制关系**

资料来源：中国船舶公告。

“江南机器制造总局”，后历经数次变更，于1981年7月办理工商开业登记，登记企业名称为“江南造船厂”，主管部门为第六机械工业部，企业性质为全民所有制。

1995年11月22日，江南造船厂改制组建国有独资公司，由中国船舶工业总公司投资设立江南造船（集团）有限责任公司，实收资本为23863.60万元。

1999年6月，中国船舶工业总公司分立为中国船舶工业集团公司和中国船舶重工集团公司，江南造船主管单位由中国船舶工业总公司变更为中国船舶工业集团公司（以下简称“中船集团”）。

后经过多次股权变更，截至2019年4月22日，江南造船的股东持股情况如表8-11所示。

**表8-11 江南造船的股东持股情况**

| 股东名称 | 出资金额/万元 | 出资比例/% |
| --- | --- | --- |
| 中国船舶工业集团公司 | 606872.11 | 100 |
| 合计 | 606872.11 | 100 |

资料来源：中国船舶公告。

3. 国新建信基金对江南造船增资

2019年4月，江南造船拟引入新股东进而新增注册资本。拟新增的股东有中船投资、工银投资、交银投资、军民融合基金、国华基金、农银投资、国新建信基金、中银投资、东富国创、国发基金。

2019年4月26日，江南造船股东中船集团与全体新增股东共同作出股东会决议，同意江南造船注册资本由606872.11万元增至864679.30万元，新增的注册资本由中船投资、工银投资、交银投资、军民融合基金、国华基金、农银投资、国新建信基金、中银投资、东富国创、国发基金以货币方式合计出资257807.19万元。

本次变更完成后，江南造船的股东持股情况如表8-12所示。

**表8-12 出资额变更后江南造船的股东持股情况**

| 序号 | 股东名称 | 出资金额/万元 | 出资比例/% |
|---|---|---|---|
| 1 | 中国船舶工业集团有限公司 | 606872.11 | 70.18 |
| 2 | 国新建信股权投资基金（成都）合伙企业（有限合伙） | 46243.44 | 5.35 |
| 3 | 交银金融资产投资有限公司 | 38536.20 | 4.46 |
| 4 | 北京东富国创投资管理中心（有限合伙） | 38536.20 | 4.46 |
| 5 | 国家军民融合产业投资基金有限责任公司 | 38150.84 | 4.41 |
| 6 | 国华军民融合产业发展基金（有限合伙） | 23121.72 | 2.67 |
| 7 | 中银金融资产投资有限公司 | 19268.10 | 2.23 |
| 8 | 工银金融资产投资有限公司 | 19268.10 | 2.23 |
| 9 | 农银金融资产投资有限公司 | 15414.48 | 1.78 |
| 10 | 中船投资发展有限公司 | 11560.86 | 1.34 |
| 11 | 北京国发航空发动机产业投资基金中心（有限合伙） | 7707.24 | 0.89 |
| 合计 | | 864679.30 | 100 |

资料来源：中国船舶公告。

截至2019年7月31日，江南造船的控股股东为中船集团，实际控制人为国务院国资委。江南造船的产权控制关系如图8-9所示。

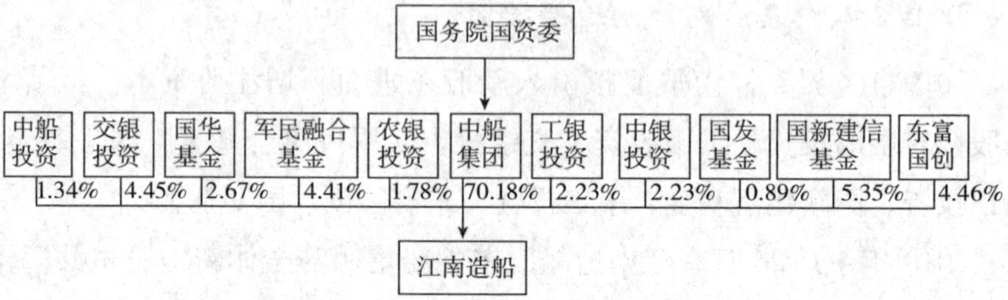


**图 8-9　江南造船的产权控制关系**

资料来源：中国船舶公告。

## 二、中国船舶发行股份购买资产，国风投基金成为上市公司股东

1. 中国船舶基本情况

中国船舶工业股份有限公司（以下简称“中国船舶”），前身为沪东重机股份有限公司，是经中国船舶工业总公司和国家经济体制改革委员会批准，由原沪东造船厂和原上海船厂共同发起设立的股份有限公司。1998 年 5 月，沪东重机股份有限公司首次公开发行股票，在上海证券交易所挂牌交易，股票简称沪东重机。2007 年 4 月 18 日，公司名称由“沪东重机股份有限公司”变更为“中国船舶工业股份有限公司”，自 2007 年 8 月 1 日起，证券简称由“沪东重机”变更为“中国船舶”。

此后中国船舶经过多次股本变更，截至 2019 年 3 月 31 日，中国船舶总股本 1378117598 股。前十大股东及其持股情况如表 8-13 所示。

**表 8-13　中国船舶前十大股东及其持股情况**

| 序号 | 股东名称 | 持股数量/股 | 比例/% | 股东性质 |
|---|---|---|---|---|
| 1 | 中国船舶工业集团有限公司 | 705360666 | 51.18 | 国有法人 |
| 2 | 中国远洋运输有限公司 | 43920000 | 3.19 | 国有法人 |
| 3 | 上海电气（集团）总公司 | 43019943 | 3.12 | 国有法人 |
| 4 | 中船投资发展有限公司 | 24847697 | 1.80 | 国有法人 |
| 5 | 中央汇金资产管理有限责任公司 | 21714800 | 1.58 | 国有法人 |

续表

| 序号 | 股东名称 | 持股数量/股 | 比例/% | 股东性质 |
|---|---|---|---|---|
| 6 | 中国证券金融股份有限公司 | 17022260 | 1.24 | 国有法人 |
| 7 | 信泰人寿保险股份有限公司—万能保险产品 | 13040802 | 0.95 | 未知 |
| 8 | 中欧基金—农业银行—中欧中证金融资产管理计划 | 5290499 | 0.38 | 未知 |
| 9 | 博时基金—农业银行—博时中证金融资产管理计划 | 4985918 | 0.36 | 未知 |
| 10 | 大成基金—农业银行—大成中证金融资产管理计划 | 4624449 | 0.34 | 未知 |

资料来源：中国船舶公告。

2. 交易方案

中国船舶重组方案分三步走。

步骤一：中国船舶拟向中船集团、中船投资、工银投资、交银投资、军民融合基金、国华基金、农银投资、国新建信基金、中银投资、东富国创、国发基金发行股份购买上述 11 名交易对方合计持有的江南造船 100% 股权；拟向中船集团、华融瑞通、新华保险、结构调整基金、太保财险、中国人寿、人保财险、工银投资、东富天恒发行股份购买上述 9 名交易对方合计持有的外高桥造船 36. 2717% 的股权和中船澄西 21. 4598% 的股权；拟向华融瑞通、中原资产、新华保险、结构调整基金、太保财险、中国人寿、人保财险、工银投资、东富天恒发行股份购买上述 9 名交易对方合计持有的广船国际 23. 5786% 的股权和黄埔文冲 30. 9836% 的股权；拟向中船防务发行股份购买其持有的广船国际 27. 4214% 的股权。

发行股份购买资产的详细情况如表 8 – 14 所示。

**表 8 – 14　发行股份购买资产的详细情况**

| 序号 | 交易对方 | 支付对价/万元 | 发行股份数/股 |
|---|---|---|---|
| 1 | 中船集团 | 1631402. 44 | 1241554371 |
| 2 | 中船防务 | 289125. 93 | 220034953 |

续表

| 序号 | 交易对方 | 支付对价/万元 | 发行股份数/股 |
|---|---|---|---|
| 3 | 中船投资 | 30103.59 | 22909882 |
| 4 | 新华保险 | 209692.05 | 159582994 |
| 5 | 华融瑞通 | 210239.39 | 159999534 |
| 6 | 结构调整基金 | 120947.20 | 92045056 |
| 7 | 太保财险 | 120613.71 | 91791257 |
| 8 | 中国人寿 | 104902.30 | 79834323 |
| 9 | 人保财险 | 104853.08 | 79796866 |
| 10 | 东富天恒 | 94458.98 | 71886590 |
| 11 | 中原资产 | 51689.96 | 39337865 |
| 12 | 工银投资 | 102593.47 | 78077222 |
| 13 | 交银投资 | 100346.03 | 76366845 |
| 14 | 军民融合基金 | 99341.83 | 75602611 |
| 15 | 国华基金 | 60207.17 | 45819764 |
| 16 | 农银投资 | 40138.86 | 30547080 |
| 17 | 国新建信基金 | 120414.34 | 91639528 |
| 18 | 中银投资 | 50174.14 | 38184279 |
| 19 | 东富国创 | 100346.03 | 76366845 |
| 20 | 国发基金 | 20068.31 | 15272683 |
| 合计 | | 3661658.83 | 2786650548 |

资料来源：中国船舶公告。

步骤二：中船集团以持有的中船动力100%的股权、中船动力研究院51%的股权、中船三井15%的股权出资，中国船舶以持有的沪东重机100%的股权出资，共同设立中船动力集团。

步骤三：中船防务以持有的黄埔文冲69.02%的股权、广船国际49%的股权与中国船舶及中船集团持有的中船动力集团100%的股权进行资产置换。

上述方案的三个步骤不互为前提。此外，中船集团承诺在步骤一实施时同步启动步骤二；同时承诺待步骤一和步骤二实施完成后，6个月内启动步骤三，以消除中国船舶和中船防务的同业竞争。

根据预估值，方案三个步骤实施完成后，中国船舶持有江南造船100%的股权、外高桥造船100%的股权、中船澄西100%的股权、黄埔文冲100%的股权及广船国际67.64%的股权。

本次交易完成后中船集团及其所控制的关联方对上市公司持股比例进一步提升（不考虑配套融资）。根据本次重组对标的资产的评估结果和交易方式测算，本次交易完成后（不考虑配套融资），上市公司的股权结构变化情况如表8－15所示。

**表8－15　上市公司的股权结构变化情况**

| 股东名称 | 本次重组前 | | 本次重组后 | |
|---|---|---|---|---|
| | 持股数量/股 | 持股比例/% | 持股数量/股 | 持股比例/% |
| 中船集团及其关联方合计持股 | 730235363 | 52.98 | 2214734569 | 53.18 |
| 其中：中船集团直接持股 | 705360666 | 51.18 | 1946915037 | 46.75 |
| 中船防务直接持股 | — | — | 220034953 | 5.28 |
| 中船投资直接持股 | 24874697 | 1.80 | 47784579 | 1.15 |
| 新华保险 | — | — | 159582994 | 3.83 |
| 华融瑞通 | — | — | 159999534 | 3.84 |
| 结构调整基金 | — | — | 92045056 | 2.21 |
| 太保财险 | — | — | 91791257 | 2.20 |
| 中国人寿 | — | — | 79834323 | 1.92 |
| 人保财险 | — | — | 79796866 | 1.92 |
| 东富天恒 | — | — | 71886590 | 1.73 |
| 中原资产 | — | — | 39337865 | 0.94 |
| 工银投资 | — | — | 78077222 | 1.87 |
| 交银投资 | — | — | 76366845 | 1.83 |
| 军民融合基金 | — | — | 75602611 | 1.82 |
| 国华基金 | — | — | 45819764 | 1.10 |
| 农银投资 | — | — | 30547080 | 0.73 |
| 国新建信基金 | — | — | 91639528 | 2.20 |
| 中银投资 | — | — | 38184279 | 0.92 |
| 东富国创 | — | — | 76366845 | 1.83 |
| 国发基金 | — | — | 15272683 | 0.37 |

续表

| 股东名称 | 本次重组前 | | 本次重组后 | |
|---|---|---|---|---|
| | 持股数量/股 | 持股比例/% | 持股数量/股 | 持股比例/% |
| 其他A股公众股东 | 647882235 | 47.01 | 647882235 | 15.56 |
| 合计 | 1378117598 | 100.00 | 4164768146 | 100.00 |

资料来源：中国船舶公告。

本案例中，中国国新通过设立基金的模式投资上市公司拟收购标的资产的股权，待上市公司发行股份购买标的资产后，进而成为上市公司参股股东。国有资本运营公司通过借助基金投资手段成为上市参股股东，以财务投资人的身份管理国有资本，增加国有资本的有效流动并为国有资本保值增值提供载体。

## 第四节　中国重工重组大船重工和武船重工案例分析

### 一、国风投基金投资大船重工和武船重工

1. 大船重工基本情况

大连船舶重工集团有限公司（以下简称“大船重工”），系由原大连造船重工有限责任公司与大连新船重工有限责任公司根据《公司法》规定合并后新设的有限责任公司。大船重工于2005年12月9日完成设立的工商登记手续，设立时的股权结构如表8－16所示。

表8－16　大船重工设立时的股权结构

| 序号 | 股东名称 | 认缴出资额/万元 | 实缴出资额/万元 | 股权比例/% |
|---|---|---|---|---|
| 1 | 大连造船厂集团有限公司 | 290392.37 | 290392.37 | 78.10 |
| 2 | 中国建设银行股份有限公司大连市分行 | 34029.00 | 34029.00 | 9.15 |
| 3 | 中国华融资产管理公司 | 32600.00 | 32600.00 | 8.77 |
| 4 | 中国东方资产管理公司 | 14793.00 | 14793.00 | 3.98 |
| 合计 | | 371814.37 | 371814.37 | 100.00 |

资料来源：中国重工公告。

2010 年 7 月，大船重工全体股东中国东方资产管理公司、中国华融资产管理公司、中国建设银行股份有限公司大连市分行和大连造船厂集团有限公司决定认购中国重工定向发行股份。经中国证监会核准通过，于 2011 年 2 月 10 日，大船重工完成本次股权转让的工商变更登记手续。本次股权转让完成后，大船重工的股权结构如表 8－17 所示。

**表 8－17　股权转让后大船重工的股权结构**

| 股东名称 | 认缴出资额/万元 | 实缴出资额/万元 | 持股比例/% |
|---|---|---|---|
| 中国重工 | 371814.37 | 371814.37 | 100.00 |
| 合计 | 371814.37 | 371814.37 | 100.00 |

来源：中国重工公告。

2. 武船重工基本情况

武昌船舶重工集团有限公司（以下简称“武船重工”），前身为国营武汉造船专用设备厂，设立于 1982 年 10 月 28 日，后更名为“国营武昌造船厂”。2008 年 10 月 24 日，公司完成改制，名称变更为“武昌船舶重工有限责任公司”。本次改制完成后，武昌船舶重工有限责任公司的股权结构如表 8－18 所示。

**表 8－18　改制后武昌船舶重工有限责任公司股权结构**

| 股东名称 | 认缴出资额/万元 | 实缴出资额/万元 | 股权比例/% |
|---|---|---|---|
| 中国重工 | 112700.00 | 112700.00 | 100.00 |
| 合计 | 112700.00 | 112700.00 | 100.00 |

资料来源：中国重工公告。

2014 年，武昌船舶重工有限责任公司股东中国重工作出股东决定，同意将武昌船舶重工有限责任公司名称变更为“武昌船舶重工集团有限公司”，并增资 121200 万元和 55000 万元，两次增资完成后，武船重工的股权结构如表 8－19 所示。

表 8-19 增资完成后武船重工的股权结构

| 股东 | 认缴出资额/万元 | 实缴出资额/万元 | 股权比例/% |
|---|---|---|---|
| 中国重工 | 288900.00 | 288900.00 | 100.00 |
| 合计 | 288900.00 | 288900.00 | 100.00 |

资料来源：中国重工公告。

3. 国风投基金对大船重工、武船重工增资

2017 年 8 月，国风投基金、结构调整基金、中国人寿、华宝投资、招商平安和国华基金共 6 名交易对方合计以 148.34 亿元现金增资大船重工和武船重工，其中对大船重工现金增资 113.28 亿元，对武船重工现金增资 35.06 亿元。本次增资共计 148.34 亿元全部用于大船重工和武船重工偿还债务。

2017 年 8 月，中国信达和中国东方分别以 50.34 亿元和 20 亿元债权对大船重工和武船重工增资，其中大船重工及其子公司债权为 51.5 亿元，武船重工及其子公司债权为 18.84 亿元。

增资完成后，大船重工的产权控制关系如图 8-10 所示。

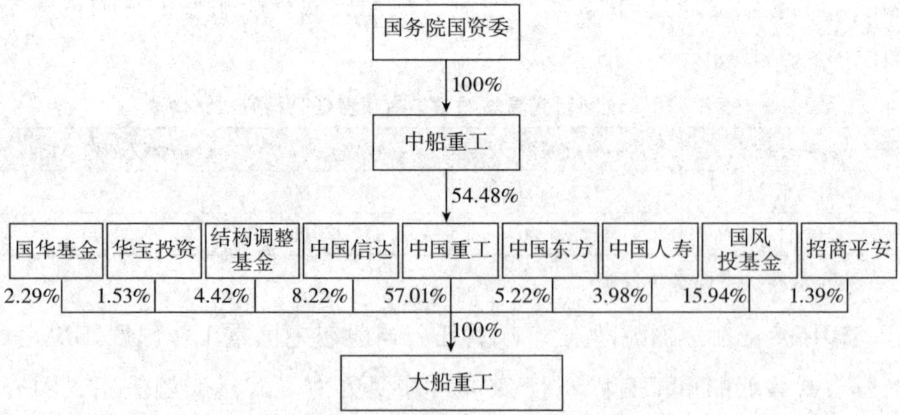


图 8-10 大船重工的产权控制关系

资料来源：中国重工公告。

2017 年 8 月 28 日，武船重工股东中国重工作出股东决定，同意武船重工以非公开协议方式增资引入新股东实施市场化债转股，武船重工

的注册资本增加 163591.11 万元，其中，中国信达以所持对武船重工及其合并报表内附属企业的债权出资 188400.00 万元，认缴新增注册资本 57181.01 万元；国风投基金以现金出资 189079.14 万元，认缴新增注册资本 57387.14 万元；结构调整基金以现金出资52374.92万元，认缴新增注册资本 15896.24 万元；中国人寿以现金出资 47269.79 万元，认缴新增注册资本 14346.78 万元；华宝投资以现金出资 18151.60 万元，认缴新增注册资本 5509.17 万元；招商平安以现金出资 16544.43 万元，认缴新增注册资本 5021.37 万元；国华基金以现金出资 27180.13 万元，认缴新增注册资本 8249.40 万元。

增资完成后，武船重工股权结构如表 8－20 所示。

**表 8－20　再次增资后武船重工股权结构**

| 序号 | 股东名称 | 认缴出资额/万元 | 实缴出资额/万元 | 股权比例/% |
|---|---|---|---|---|
| 1 | 中国重工 | 288900.00 | 288900.00 | 63.85 |
| 2 | 中国信达 | 57181.01 | 57181.01 | 12.64 |
| 3 | 国风投基金 | 57387.14 | 57387.14 | 12.68 |
| 4 | 结构调整基金 | 15896.24 | 15896.24 | 3.51 |
| 5 | 中国人寿 | 14346.78 | 14346.78 | 3.17 |
| 6 | 华宝投资 | 5509.17 | 5509.17 | 1.22 |
| 7 | 招商平安 | 5021.37 | 5021.37 | 1.11 |
| 8 | 国华基金 | 8249.40 | 8249.40 | 1.82 |
| 合计 | | 452491.11 | 452491.11 | 100.00 |

资料来源：中国重工公告。

本次增资完成后，中国重工直接持有武船重工 63.85% 的股权，为武船重工的控股股东。武船重工的实际控制人为国务院国资委。武船重工的产权控制关系如图 8－11 所示。

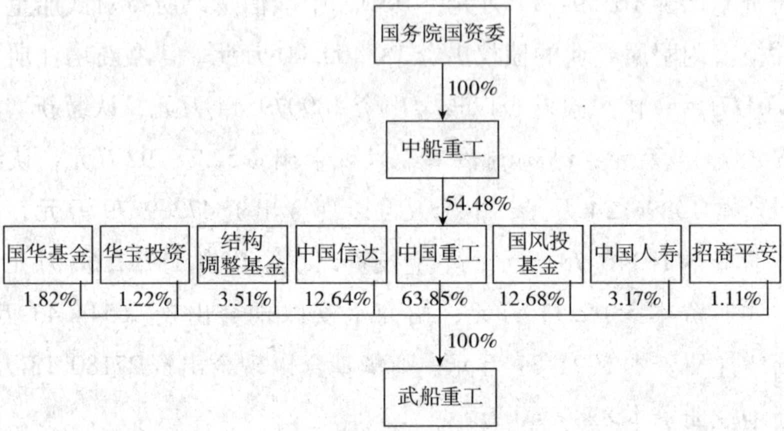


**图 8－11　武船重工的产权控制关系**

资料来源：中国重工公告。

## 二、中国重工发行股份购买资产，国风投基金成为上市公司股东

1. 中国重工基本情况

中国船舶重工股份有限公司（以下简称“中国重工”），于 2008 年 3 月 18 日由中国船舶重工集团公司、鞍山钢铁集团公司、中国航天科技集团公司共同发起设立。设立时，公司股权结构如表 8－21 所示。

**表 8－21　中国重工公司股权结构**

| 序号 | 股东名称 | 持股数量/万股 | 持股比例/% |
| --- | --- | --- | --- |
| 1 | 中国船舶重工集团公司 | 452600.00 | 97.21 |
| 2 | 鞍山钢铁集团公司 | 10000.00 | 2.15 |
| 3 | 中国航天科技集团公司 | 3000.00 | 0.64 |
| 合计 | | 465600.00 | 100.00 |

资料来源：中国重工公告。

中国重工于 2009 年首次公开发行股票 199500.00 万股，于 2009 年 12 月 16 日在上海证券交易所挂牌上市。首次公开发行完成后，公司主要股东持股情况如表 8－22 所示。

**表 8－22 中国重工 2009 年公司主要股东持股情况**

| 序号 | 股东名称 | 持股数量/万股 | 持股比例/% |
|---|---|---|---|
| 1 | 中国船舶重工集团公司 | 433207.02 | 65.13 |
| 2 | 鞍山钢铁集团公司 | 9571.52 | 1.44 |
| 3 | 中国航天科技集团公司 | 2871.46 | 0.43 |
| 4 | 全国社会保障基金理事会 | 19950.00 | 3.00 |
| 5 | 社会公众股 | 199500.00 | 30.00 |
| 合计 | | 665100.00 | 100.00 |

资料来源：中国重工公告。

后经过几次股权变更，截至本次发行股份购买资产之前，中国重工前十大股东持股情况如表 8－23 所示。

**表 8－23 中国重工经过几次股权变更后前十大股东持股情况**

| 序号 | 股东名称 | 持股数量/万股 | 持股比例/% |
|---|---|---|---|
| 1 | 中国船舶重工集团公司 | 7820577476 | 40.99 |
| 2 | 大连船舶投资控股有限公司 | 1810936360 | 9.49 |
| 3 | 渤海造船厂集团有限公司 | 511832746 | 2.68 |
| 4 | 中国证券金融股份有限公司 | 434278046 | 2.28 |
| 5 | 中央汇金资产管理有限责任公司 | 271275100 | 1.42 |
| 6 | 武汉武船投资控股有限公司 | 251628517 | 1.32 |
| 7 | 中国华融资产管理股份有限公司 | 237219977 | 1.24 |
| 8 | 中国建设银行股份有限公司—富国中证军工指数分级证券投资基金 | 203284506 | 1.07 |
| 9 | 前海开源基金—浦发银行—前海开源乐晟资产管理计划 | 153274972 | 0.80 |
| 10 | 招商证券股份有限公司—前海开源中航军工指数分级证券投资基金 | 124456317 | 0.65 |
| 合计 | | 11818764017 | 61.94 |

资料来源：中国重工公告。

截至本次发行股份购买资产之前，中国重工控股股东为中国船舶重工集团公司，实际控制人为国务院国资委，其产权控制关系如图 8－12 所示。

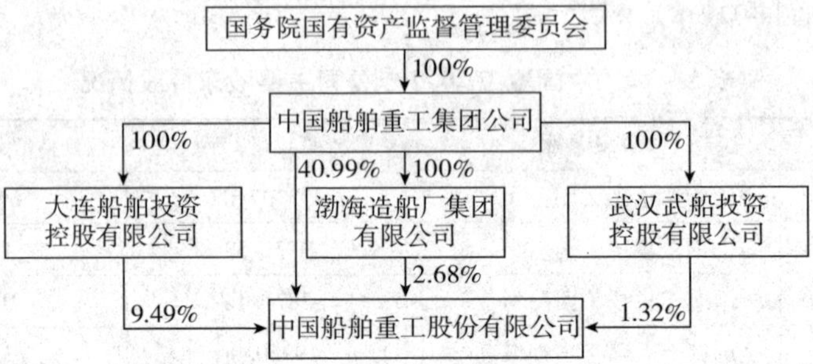


**图 8－12　重工股份的产权控制关系**

资料来源：中国重工公告。

中国重工的控股股东是由国务院国资委于 1999 年 6 月 29 日设立的中国船舶重工集团公司（以下简称“中船重工”）。中船重工由全民所有制企业整体改制为有限责任公司（国有独资），改制后名称为“中国船舶重工集团有限公司”，相关的业务、资产、债权债务、各种专业或特殊资质证照均由改制后的中国船舶重工集团有限公司承继，工商变更登记手续已于 2017 年 12 月 15 日办理完成。

2. 交易方案

本次发行股份购买资产的标的资产为 8 名交易对方合计持有的大船重工 42. 99% 的股权和武船重工 36. 15% 的股权，具体明细如表 8－24 所示。

**表 8－24　股权明细**

| 股东名称 | 持有大船重工股权比例/% | 持有武船重工股权比例/% |
|---|---|---|
| 中国信达 | 8. 22 | 12. 64 |
| 中国东方 | 5. 22 | — |
| 国风投基金 | 15. 94 | 12. 68 |
| 结构调整基金 | 4. 42 | 3. 51 |
| 中国人寿 | 3. 98 | 3. 17 |
| 华宝投资 | 1. 53 | 1. 22 |
| 招商平安 | 1. 39 | 1. 11 |
| 国华基金 | 2. 29 | 1. 82 |
| 合计 | 42. 99 | 36. 15 |

资料来源：中国重工公告。

中国重工向中国信达等8名交易对方发行股份，总数为379989.6135万股，发行股份购买资产交易对方以资产认购股份的金额及认购股数具体情况如表8－25所示。

**表8－25 金额及认购股数**

| 股东名称 | 大船重工 | | 武船重工 | |
|---|---|---|---|---|
| | 持股比例/% | 交易作价/万元 | 持股比例/% | 交易作价/万元 |
| 中国信达 | 8.22 | 317283.7366 | 12.64 | 187558.8381 |
| 中国东方 | 5.22 | 201449.9914 | — | — |
| 国风投基金 | 15.94 | 615350.0081 | 12.68 | 188234.9482 |
| 结构调整基金 | 4.42 | 170451.9521 | 3.51 | 52141.0806 |
| 中国人寿 | 3.98 | 153837.5020 | 3.17 | 47058.7370 |
| 华宝投资 | 1.53 | 59073.6006 | 1.22 | 18070.5549 |
| 招商平安 | 1.39 | 53843.1255 | 1.11 | 16470.5577 |
| 国华基金 | 2.29 | 88456.5637 | 1.82 | 27058.7735 |
| 合计 | 42.99 | 1659746.4800 | 36.15 | 536593.4900 |

资料来源：中国重工公告。

本次交易中，上市公司预计向8名交易对方非公开发行不超过3799896135股，本次交易前后，中国重工股权结构变化情况如表8－26所示。

**表8－26 中国重工股权结构变化情况**

| 股东名称 | 发行股份购买资产前 | | 发行股份购买资产后 | |
|---|---|---|---|---|
| | 持股数量/股 | 持股比例/% | 持股数量/股 | 持股比例/% |
| 中国重工合计持股 | 10394975099 | 54.48 | 10394975099 | 45.43 |
| 其中：中国重工直接持股 | 7820577476 | 40.99 | 7820577476 | 34.18 |
| 大船投控直接持股 | 1810936360 | 9.49 | 1810936360 | 7.92 |
| 渤船集团直接持股 | 511832746 | 2.68 | 511832746 | 2.24 |
| 武船投控直接持股 | 251628517 | 1.32 | 251628517 | 1.10 |
| 其他A股公众股东 | 8684922009 | 45.52 | 8684922009 | 37.96 |
| 中国信达 | — | — | 873430059 | 3.82 |
| 中国东方 | — | — | 348529396 | 1.52 |

续表

| 股东名称 | 发行股份购买资产前 | | 发行股份购买资产后 | |
|---|---|---|---|---|
| | 持股数量/股 | 持股比例/% | 持股数量/股 | 持股比例/% |
| 国风投基金 | — | — | 1390285391 | 6. 08 |
| 结构调整基金 | — | — | 385109052 | 1. 68 |
| 中国人寿 | — | — | 347571347 | 1. 52 |
| 华宝投资 | — | — | 133467396 | 0. 58 |
| 招商平安 | — | — | 121649970 | 0. 53 |
| 国华基金 | — | — | 199853524 | 0. 87 |
| 合计 | 19079897108 | 100 | 22879793243 | 100. 00% |

资料来源：中国重工公告。

本案例中，中国国新首先借助旗下国风投基金以市场化债转股的方式对标的资产增资，成为标的资产的股东。之后，通过上市公司发行股份购买资产的形式购买标的资产，国风投基金成为上市公司参股股东。中国国新借助基金投资手段对中国重工控股子公司进行重组，以发行股份购买控股子公司剩余股权的方式使得上市公司控股子公司成为全资子公司，继而扩大中国重工资产证券化比例。国有资本运营公司通过成为上市公司参股股东的方式，既实现了部分国有资产证券化，又可在未来运用多种股权运作手段，为国有上市公司做强做大提供专业服务。

## 第五节　重庆渝富集团“融投管退”闭环基金管理模式案例分析

### 一、重庆渝富集团基本情况

重庆渝富资产经营管理集团有限公司（以下简称“重庆渝富集团”），成立于2004年2月，注册资本为人民币100亿元，是经重庆市人民政府批准组建的全国首家地方国有独资综合性资产经营管理公司，主要从事股权管理、产业投资、基金运营、资产收处、土地经营等业务。成立之初，重庆渝富集团的控股股东、实际控制人均为重庆市国资委，其产权控制关系如图 8－13 所示。

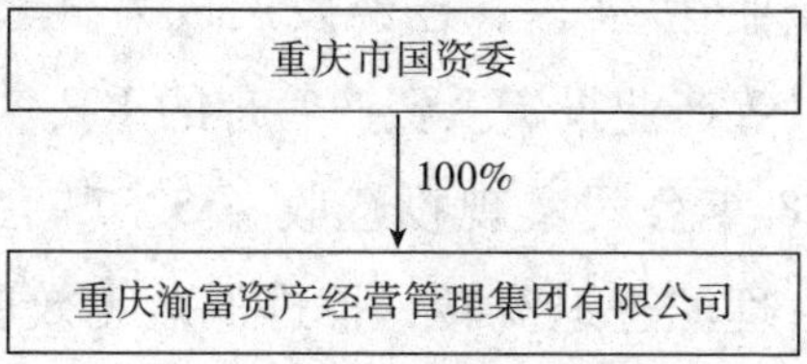


**图 8－13　重庆渝富集团成立时产权控制关系**

资料来源：笔者整理绘制。

2016 年 8 月，重庆渝富控股集团有限公司（以下简称“渝富控股”）设立，重庆渝富集团将其 100% 股权并入渝富控股，股权变更完成后，其产权控制关系如图 8－14 所示。

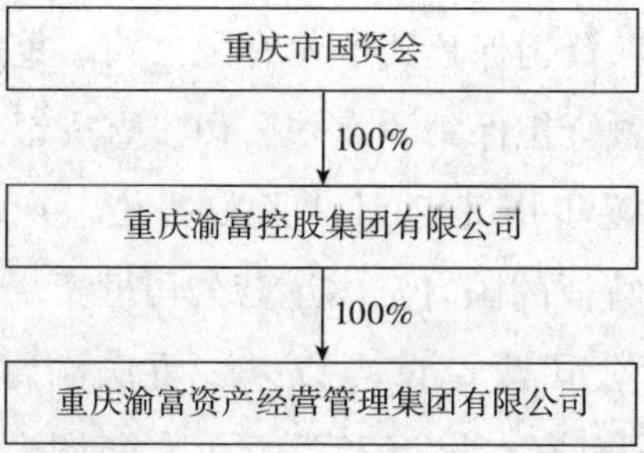


**图 8－14　重庆渝富集团股权变更后产权控制关系**

资料来源：笔者整理绘制。

重庆渝富集团成立前十年作为资产管理公司主要履行债务重组、土地重组、资产重组和战略投资功能。中共十八届三中全会召开后，重庆渝富集团认真学习习近平新时代中国特色社会主义思想，深入贯彻国企改革“1＋N”文件精神，积极承担改组、组建国有资本运营公司试点任务，积极探索国有资本运营公司基本定位、运营功能、管控模式和经营机制，聚焦国有资本“融投管退”模式创新，着力打造国有资本运营平台，着力提高国有资本配置和运行效率，着力推动国有资本运动增值。

重庆渝富集团通过不良资产处置以及对工业、科技、能源等产业进行战略投资，先后投资设立和参股多家企业，截至2019年3月末，公司主要直接参控股企业达34家，已经发展成为金融、工业、科技、能源和经营性城建项目等产业投资及资产管理的重要实体，并由此获得较好的投资收益，2018年公司实现投资收益53.73亿元。2018年以来，公司着力推进股权管理的进退流转，推进低效无效股权的划转和退出，聚焦重点行业及重点项目发展，不断提升资产质量及发展质量。2018年，公司完成股权流转收入24.07亿元，实现股权流转收益2.92亿元。重庆渝富集团最初是作为政府收购并处置中国工商银行重庆分行157亿元不良贷款的操作平台，进而承担起当地国有企业债务重组和资金周转的职能。此后，集团对重庆银行股份有限公司、西南证券股份有限公司、重庆农村商业银行等金融机构的债务进行了大规模财务重组，并发起成立了重庆三峡融资担保集团股份有限公司、重庆进出口融资担保有限公司、重庆兴农融资担保集团有限公司、重庆银海融资租赁有限公司等金融机构，从而逐步搭建起以“股权投资、产融协同、价值管理、资本运作”为主要特征的国有资本运营公司框架。

国有资本运营公司改革试点以来，重庆渝富集团本部完成投资740.7亿元，上缴国有资本收益75.2亿元；集团合并报表实现利润266亿元，上缴税收97.1亿元。截至2018年10月底，与改革试点前比较，集团合并报表资产总额1935亿元，增长59.4%，净资产842亿元，增长83.4%；集团本部资产负债率43.5%，下降17.3个百分点。

重庆渝富集团2016—2018年主要财务数据如表8-27所示。

**表8-27 重庆渝富集团2016—2018年主要财务数据**

| 项目 | 2018年 | 2017年 | 2016年 |
|---|---|---|---|
| 总资产/亿元 | 1882.52 | 2023.56 | 1896.34 |
| 净资产/亿元 | 822.39 | 951.28 | 811.53 |
| 资产负债率/% | 56.31 | 52.99 | 57.21 |
| 营业总收入/亿元 | 62.94 | 62.06 | 76.01 |

续表

| 项目 | 2018 年 | 2017 年 | 2016 年 |
|---|---|---|---|
| 净利润/亿元 | 26. 34 | 35. 69 | 31. 65 |
| 归属母公司股东的净利润/亿元 | 18. 07 | 19. 70 | 13. 60 |

资料来源：重庆渝富集团审计报告。

## 二、“融投管退”闭环基金管理模式分析

### 1. 聚焦资金募集，着力构建“双轮驱动”投融资模式

重庆渝富集团在谋划资本运营融、投、管、退四环节整体创新时，首要聚焦于创新资金募集方式，首先解决“钱从哪里来”的问题。在试点改革中，重庆渝富集团在实施自有资本滚动循环投资的同时，更加注重运用市场化基金工具服务国家及地方发展战略，逐步形成“自有资本投资+私募基金融资”的双轮驱动投融资模式，努力实现“用天下人的钱办天下人的事”。

试点改革以来，重庆渝富集团逐步形成以战略产业基金、中新互联互通基金、产业引导基金、主导基金为龙头的 4 组共 57 只基金，完成投资 501. 3 亿元，带动项目总投资 1734 亿元。一是组建运营战略产业基金，投资战略性新兴制造业项目 13 个，完成投资 124. 8 亿元，带动项目总投资 1200 亿元。二是组建运营中新互联互通基金，投资金融服务、航空旅游、交通物流等项目 11 个，完成投资 74. 5 亿元。三是参与运营重庆产业引导基金，投资现代服务业、文化、旅游等项目 174 个，完成投资 102 亿元。四是构建主导基金群，先后发起设立市值管理基金、定增基金等专项基金 13 只，完成投资项目 15 个，完成投资 200 亿元。目前正参与国家集成电路产业投资基金二期募集工作，发起设立半导体产业发展基金等，共同发起设立创新投资引导基金等。

### 2. 聚焦股权投资，着力构建“三个集中”投资组合体系

重庆渝富集团围绕服务国有资本配置体制改革需要，着力优化国有

资本布局，提高国有资本配置效率，努力解决好“投到哪里去”的问题。在试点改革中，重庆渝富集团紧紧围绕国家和重庆经济发展战略，按照国有资本“三个集中”原则，强化投资组合管理，推动国有资本投向战略新兴产业、供给侧结构性改革和金融、类金融领域。

一是推动国有资本投向战略性新兴产业领域。围绕重庆“14＋3”战略性新兴产业，推动资本重点投向智能终端、高端交通装备、新材料等战略性新兴制造业和现代物流、信息服务等战略性新兴服务业。试点以来，先后投资京东方、惠科液晶面板、AOS芯片等战新产业项目24个，投资199.5亿元。二是推动国有资本投向供给侧结构性改革领域。通过金融服务等方式先后为市属国企改革脱困提供资金585亿元，其中组织82.8亿资金有效化解重庆钢铁股份有限公司银行债务、担保损失、不良资产剥离等难题，推动重庆钢铁股份有限公司司法重整顺利完成。整合国企、高校、民企等资源，成立美丽乡村建设行动联盟，筹建旅游发展基金，共同服务乡村振兴战略。三是推动国有资本投向金融和类金融领域。围绕重庆打造国内重要功能性金融中心战略，推动资本重点投向银、证、保等传统金融和要素市场、融资租赁、第三方支付等新兴金融。试点以来，先后投资重庆农村商业银行股份有限公司、三峡人寿保险股份有限公司、长安汽车金融有限公司等项目27个，投资128亿元，助推重庆金融生态发展。

3. 聚焦股权管理，着力构建“手脚并用”价值管理机制

重庆渝富集团突出价值管理、市值维护，创新国有资本保值增值的实现方式，推动资本运动增值，努力解决好“投后如何管”的问题。在试点改革中，重庆渝富集团以价值管理为核心，以资本流动增值为目标，对所出资企业分类实施战略管控和财务管控，通过建立“用手投票＋用脚投票”的股权价值管理机制，促进国有资本合理流动、增创价值。

一是强化“用手投票”价值管理机制。积极履行股东职责、发挥

股东作用、行使股东权利、维护股东权益，通过“用手投票”价值管理机制推动股权价值提升。试点以来，累计审议所出资企业议案 8392 个，其中否决议案 101 个、优化完善议案 1883 个。二是强化“用脚投票”有序进退机制。注重定期分析研判所出资企业财务运行状况、股权价值变化趋势，对战略性投资依据战略需要和培育阶段实施战略投资、战略退出，对财务性投资按照“增持上升期企业股权、维持成熟期企业股权、减持衰退期企业股权”实施投资组合动态管理。试点以来，先后增持西南证券股份有限公司、重庆三峡融资担保集团股份有限公司等项目 27 个，减持重庆通用航空有限公司、金科地产集团股份有限公司等项目 20 个，退出重庆金融资产交易所、重庆果园港等项目 13 个。

4. 聚焦价值实现，着力构建“一二级市场协同”退出通道

重庆渝富集团注重探索畅通资本流动路径和退出通道，努力解决好“投后如何退”的问题。在试点改革中，重庆渝富集团在通过挂牌转让、协议转让等方式实施一级市场退出的同时，更加注重通过多层次资本市场推动国有资本流动，更加注重探索上市体系与非上市体系“一二级市场协同”运营模式，努力打通资产培育与资本运营转换通道。

一是运营好参控股上市公司。重庆渝富集团积极协同参控股上市公司开展市值管理，积极支持推动重庆农商行、重庆银行回归 A 股上市，积极推动有条件的已投资项目进入资本市场，加快实现资产证券化。二是稳步推进重庆渝富集团核心业务和核心资产在 H 股主体上市。通过设立渝富控股，将重庆渝富集团 100% 股权注入渝富控股，形成渝富控股和重庆渝富集团双层架构。渝富控股持续开展战略投资、价值投资，持续培育市场信号、提升股权价值，为上市体系源源不断提供优质项目来源，为市值增长提升新动能。重庆渝富集团拟通过 H 股主体上市，动态并购渝富控股培育出的优质股权资产，打通非上市体系投资项目退出通道，建立市场化资本补充机制，通过多层次资本市场更好地发现价值、培育价值和兑现价值。

# 参考文献

[1]国务院国资委改革办．改革实践——国资国企改革试点案例集[M]．北京:机械工业出版社,2019.

[2]本书编写组．国企改革若干问题研究[M]．北京:中国经济出版社,2017.

[3]国务院国资委改革办．国企改革探索与实践——地方国有企业100例(上、下)[M]．北京:中国经济出版社,2018.

[4]国务院国资委改革办．国企改革探索与实践——中央企业子企业150例(上、下)[M]．北京:中国经济出版社,2018.

[5]国务院国资委改革办．国企改革探索与实践——中央企业集团15例[M]．北京:中国经济出版社,2018.

[6] 曹洪军,等.资本运营新论[M]．北京:经济管理出版社,2004.

[7] 曹继东.创新国有资本运营公司管控模式[J].中国电力企业管理,2019(2):88－89.

[8] 程信和.经济法通则原论[J].地方立法研究,2019(1):54－129.

[9] 胡爱民.我国资本运营的实践与理论[J].世界经济与政治,1998(10):64－68.

[10] 黄凤羽.运用税收杠杆促进国有企业资本运营[J].天津经济,2000(4):30－32.

[11] 黄淑和.企业家在国有企业改革发展中大有作为——在2003年全国企业家活动日上的讲话[J].施工企业管理,2003(22):20－22.

[12] 卡尔·马克思．资本论[M]．北京:人民出版社,1964.

[13] 蓝叶瑾.民营资本运营的障碍及对策探讨[J].商场现代化,2007(6):100－101.

[14] 李懿哲.国有资本投资运营公司法律问题研究[J].科学与财富,2018

(8).

[15] 刘纪鹏,赵晓丹. 新国资管理体制下国资委该如何定位[N]. 证券时报,2013-12-25(A17).

[16] 罗良忠,朱荣林. 企业收缩性资本运营的涵义和方法[J]. 广西社会科学,2003(4):59-61.

[17] 万其刚,苏东,黄成. 当代中国的企业立法[J]. 当代中国史研究,1999(3):95-103.

[18] 王红一. 我国国有企业的政策定位与若干立法问题探析[J]. 河北法学,2002,20(2):34-38.

[19] 王仲兵. 深化国有企业改革与国有资本出资人制度研究[M]. 北京:经济科学出版社,2018.

[20]赵旭东. 各国公有企业的法律形式[J]. 环球法律评论,1991(1):41-46.

[21] 吴鸣飞. 我国国有企业资本运营风险及其评价体系研究[J]. 企业导报,2013(2).

[22] 吴欣航. 解放思想推进国有企业改革发展[J]. 经济师,2019(2):251-252.

[23] 向日炎. 收缩性资产重组方法的比较与选择研究[J]. 云南财贸学院学报,2005(3):33-38.

[24] 张国. 习近平有关国有企业改革的重要论述及其贯彻执行[J]. 毛泽东邓小平理论研究,2018(12).

[25] 张宏伟. TSL公司资本运营战略研究[D]. 西安:西北工业大学,2004.

[26] 张峻,仇兴嫱. 我国国有资本运营问题研究[J]. 财会学习,2018(6):150-151.

[27] 张屹山,赵立文,刘玉红,等. 国资国企改革要加快由“管企业”转向“管资本”[N]. 经济参考报,2019-01-07(7).

[28] 中共中央、国务院关于深化国有企业改革的指导意见[J]. 中国有色建设,2015(3).